하호
아이들은
왜
학교가
좋을까?

장주식 선생님과 하호분교 아이들이 살아가는 이야기

하호 아이들은 왜 학교가 좋을까?

제1판 제1쇄 발행일 2008년 12월 15일
제2쇄 발행일 2009년 7월 18일

글쓴이 | 장주식
사진 | 노복연
기획 | 책도둑(김민호, 박정훈, 김위종, 박정식)
디자인 | 김효중
인쇄 | (주)갑우문화사
편집인 | 배원호
발행인 | 김은지
발행처 | 철수와영희
등록번호 | 제319-2005-42호
주소 | 서울 마포구 망원1동 386-2 양경회관 302-1호
전화 | (02)332-0815
팩스 | (02)6091-0815
전자우편 | chulsu815@hanmail.net

ⓒ 장주식 2008

ISBN 978-89-93463-01-9   03370

철수와영희 출판사는 '어린이' 철수와 영희, '어른' 철수와 영희에게 도움되는
책을 펴내기 위해 노력하고 있습니다.

장주식 선생님과 하호분교 아이들이 살아가는 이야기

하호 아이들은 왜 학교가 좋을까?

글·장주식

철수와영희

방학하는 날이 슬픈 아이들이 다니는 학교

서른아홉

우선 한 가지 재미있는 일화부터 이야기해보자.

2007년 10월, 하호분교 전교생 서른아홉은 문경 조령산으로 가을 산행을 떠났다. 학부모님들도 함께하는 가족 등산이었는데, 어머님 일곱 분 아버님 세 분이 참여하셨다. 점심 때 조령산 휴양림에 도착해서 짐을 풀고, 네 시간 등산을 하고 다시 돌아와 저녁을 지어 먹었다. 저녁 먹은 뒤, 아이들이 장기자랑을 준비하는 동안 한두 시간 여유가 있었다. 이 때 나는 어슬렁어슬렁 휴양림을 산책하다가 매점에 들렀다. 매점은 휴양림 한가운데 아주 큼지막하게 자리잡고 있었다. 내가 휴지를 사서 나오려는데 매점 아주머니가 물었다.

"저… 혹시 아이들 데리고 오신 선생님인가요?"

"그렇습니다만?"

"어떻게 아이들이 꼼짝을 안 해요?"

"꼼짝을 안 하다니, 무슨 말씀이신지? 아이들은 잘 놀고 있는데요, 등산도 다녀오고."

그러자 아주머니가 피식 웃는다.

"그게 아니라… 어째 매점에 오는 아이가 하나도 없느냐구요."

"예?"

"분명히 아이들이 한 차가 왔는데, 이렇게 물건을 한 개도 못 팔아보기는 처음이라…."

"아, 예."

나는 고개를 끄덕이면서 껄껄 웃었다. 이건 아주 기분 좋은 대화였다.

"오해는 마십시오. 우리 선생님들이 매점에 가지 말라고 한 적은 없습니다."

나는 아주머니에게 즐거운 목소리로 한마디 해드리고 매점을 나왔다.

나중에 들으니 딱 한 명, 4학년 동효 녀석이 "매점 가면 안 돼요?" 하고 저희 담임 선생님에게 물은 적이 있다고 하였다.

우리 하호의 교사와 학생들에겐 자연스러운 이 일이 아주머니에겐 어떤 불가사의였나보다. 아이들 한 차가 왔는데 물건을 하나도 팔지 못했으니. 아이들은 소풍이나 어딘가를 가게 되면 뭔가를 사 먹고 싶어 한다. 주로 과자나 인스턴트 식품일 것이다. 그런데 우리 하호 아이들은 그 경우 고속도로 휴게소 같은 곳에서 아이스크림 하나도 사 먹으려고 하지 않는다. 물론 교사들 가운데 어느 누구도 핏대를 높여서 '사 먹지 마라'고 소리를 지르는 일도 없다. 그저 아이들이 스스로 알아서 그렇게 할 뿐이다.

어떻게 이런 일이 가능할까. 내 판단으로는 그건 전통이다. 물이 아래로 흐르듯이 그렇게 흘러가는 전통이라고나 할까. 물론 이런 전통이 하루 아침에 만들어질 리가 없다. 내가 하호에 오기 4년 전부터 시작되었으니 무려 5년 세월이 걸린 셈이다. 초기엔 학생과 교사 간의 갈등은 기본이고 교사와 교사, 학부모와 교사 간의 갈등도 꽤나 심각했다. 학생에겐 설득과 통제를 병행하고, 교사 간에는 서로 합의점을 찾는 논의를 지속적으로 가져가면서 해결을 했지만, 가장 큰 문제는 학부모와의 갈등이었다.

"평소에 못 먹게 하는 건 좋다 이거야. 그런데 애들이 소풍갈 때 정도는 먹어야 할 거 아니냐구."

과자나 인스턴트 식품이 나쁘다는 건 동의하지만, 1년에 한두 번 여행을 갈 때는 먹게 해달라는 거였다.

"한 번 무너지면 다 무너집니다."

교사들은 이렇게 대답했다. 결국 어머니들도 아이들이 소풍갈 때 과자를 사 보낼 수 없었다. 감자를 찌거나 과일을 싸서 보냈다. 아이들이 야영을 할 때에도 음료수를 보내오면 되돌려 보내거나 아이들에게 주지 않았다. 결국 자모회에선 수정과나 식혜를 끓여서 얼음을 동동 띄워 갖고 왔다. 음료수 한 박스 탁 배달시키면 얼마나 쉬운 일인가? 그런데 마실 것 하나라도 손수 만들자니 그 수고는 몇 배가 되는 일이다.

아이들은 부모들이나 언니들이 하는 것을 보고 자연스럽게 배운다. 아래 학년이 가게에서 뭔가를 사 먹으면 위의 언니들이 제지를 한다. 더러는 교사들에게 보고되는 경우도 있지만, 6학년 모둠장 선에서 해결이 이루어진다. 그 까닭에 우리 하호분교 교내에선 과자봉지를 보기가 쉽지 않다.

모둠활동

모둠장 이야기가 나왔으니 아무래도 모둠활동 이야기를 해야겠다. 하호에서 하는 체험활동은 모두 모둠활동으로 이루어진다. 체험활동은 크게 토요 체험과 주제별 체험으로 나누어진다. 토요 체험은 월 2회 하며, 내용은 계절에 맞춰서 다양하게 이루어진다. 봄에 학교 텃밭에 농작물을 심고 가을에 그 수확물을 거둔다. 봄에 꽃이 피면 꽃전을 해 먹고, 여름엔 개울에 천렵가기, 겨울엔 눈밭을 걸어 강에 나가기 같은 것을 한다. 올해는 1년 체험으로 논 농사를 짓고 있다. 학교 운영위원이자 마을 이장인 주상이 아빠가 흔쾌히 120평 논을 내놓으셨다. 3월에 농촌지도소장님을 초청하여 벼의 한살이를 같이 공부하고, 논을 직접 마련하여 전교생이 다 논에 들어가서 손으로 모를 심었다. 손 모를 낼 때는 풍물패인 '타래'가 와서 공연을 해주었고, 어머니들이 국수와 돼지머리를 삶아 내었다. 근동의 할머니 할아버지들이 많이 오셔서 즐거워했다. 벼는 무럭무럭 잘 자라고 있는데, 여름에 김을 한 번 매었고, 가을이 되면 추수를 하여 밥도 해 먹고 떡도 해 먹을 것이다. 물론 겨울엔 볏짚으로 공예품을 만들 계획도 세워놓고 있다. 이런 체험활동이 모두 모둠활동으로 이루어진다.

주제별 체험은 야영, 도시 체험, 가족 등산, 갯벌 탐사 따위가 있다.

보통 학교들이 주제별 체험을 고학년 또는 일부 학년 아니면 아람단 같은 청소년단체만이 하는 걸로 알고 있지만, 하호는 모든 체험에 전교생이 다 참여한다.

　야영 같은 경우, 밥을 해 먹어야 하고 텐트에서 잠을 자야 하는 다소 난이도가 높은 활동이다. 이것을 모둠장을 중심으로 하여 알아서 계획을 세우고 실천해야 한다. 야영의 모든 프로그램이 모둠별로 이루어지므로 모둠장의 책임은 어깨를 짓누른다. 두 끼를 해 먹기 위한 음식과 조리기구 준비, 장기자랑 준비, 텐트 치기…. 모둠장의 허리는 휘어진다. 그러나 모둠장들이 입 밖으로 불만을 내세우는 경우는 별로 없다. 거기엔 까닭이 있다. 6학년은 전원이 모둠장이다. 모둠의 숫자는 그 해 6학년의 숫자가 결정을 한다. 그건 모둠장으로서 책임감을 오롯이 한번 경험해보게 하기 위해서 그렇게 한다. 그래서 올해는 모두 7개의 모둠이 되었다. 모둠이 구성되고 나면 모둠장들에게 교사들이 한 마디 한다.

　"언니들에게 받은 것을 동생들에게 돌려줘라."

　이 말에는 다들 고개를 끄덕인다. 지나간 해에 졸업한 언니들이 보여준 것이 있기 때문이다. 그럼에도 모둠장들이 교사들에겐 가끔 하소연을 하는 경우도 있으나 아래 동생들에겐 단 한 마디도 불평을 하지 않는다. 헌신과 양보. 언니가 동생에게 몸으로 보여주는 이것은 수백 마디 말의 가르침보다 아래 학년들에겐 값진 교육이라고 본다. 한 해 동안 수많은 체험활동을 통하여 안개가 스며들 듯이 몸에 배는 학습은 그대로 체화되어 떠나지 않는다. 머리로 배운 것이 아니라 가슴과 몸으로 배운 까닭이다.

또 하나 특기할 만한 것은 '방과 후 활동'이다. 전교생이 참여하는 풍물과 음악부, 선택해서 참여하는 축구, 종이접기, 북아트, 과학 실험, 천연염색(향료/생활과학)부가 있다. 한 명이 보통 4개 부서에 참여하므로 날마다 오후 4시까지는 학교에서 생활한다. 따라서 2,3명 빼고는 학원에 가지 않는다. 이 모든 방과 후 부서가 무료로 운영된다. 그 재정을 충당하기 위하여 교육청에 해마다 많은 액수를 요청한다. 하지만 안타깝게도 새 정부가 들어선 올해는 방과 후 재원이 팍 줄어서 지난해의 반도 배정받지 못했다. 할 수 없이 다른 방법을 찾을 수밖에 없었는데, 다행스럽게도 전국교직원노동조합과 하호보건소의 지원을 받게 되었다. 전교조에서 반납받은 성과상여금에서 조금 지원받고 하호보건소에서 지역발전기금을 일부 지원받아서 겨우 부족분을 채울 수 있게 되었다. 시골 분교에서 그나마 혜택을 받던 교육 재정이 사라진 것이 너무 안타깝다. 정부에서 예산을 배부하고 그것을 활용하는 학교는 얼마나 떳떳할 것인가?

아이들은 방과 후 부서활동을 매우 좋아하는데, 그건 각 부서활동 내용의 재미도 재미지만 활동 중간중간에 비는 시간의 재미다. 수업 끝나고 부서활동에 들어갈 때 짧게는 2~30분에서 길게는 한 시간 가량 틈이 있는데, 이때 노는 재미가 가히 일품이다. 동급생끼리 또는 여러 학년이 뒤섞여서 놀이를 하는 재미는 놀아보지 않은 사람은 모른다. 요즘 시골 마을마다 아이들이 적어서 집에 가봐야 심심하기 짝이 없는데, 학교에서 이렇게 놀 수 있으니 그 얼마나 좋은가? 아이들은 놀려고 태어났다는 말이 있다. 노는 것은 아이들의 권리다. 멋진 놀이터와 멋진 놀이친구가 있으니 더 무엇을 바랄 것인가. 놀고 있는 아이들의 얼굴에 만족감이 넘쳐 흐른다. 가끔 울음 소리도 들리지만 그래서 아이들은 더 재미있어 한다. 이런 아이들에게 학원 순례를 시켜서 밤늦게 귀가를 시키는 교육은 과연 어디에서 이루어지고 있으며 무엇을 위한 것일까?

이런 체험이나 방과 후 활동이 잘 이루어질 수 있는 것은 무엇보다 학부모님들의 힘이 크다.

함께하는 학부모

하호분교의 모든 행사에 아버지와 어머니들이 대거 참여한다. 물론 멀리 서서 구경꾼으로 참여하는 것이 아니라 적극적으로 내부에 들어와 같이 고민하고 같이 움직인다. 한 해 두 번 '하호 교육 과정 평가회'와 '다음해 교육 과정 편성협의회'를 교사와 학부모가 함께 머리를 맞대고 의견을 나눈다. 평가와 편성을 같이 하므로 학부모도 자연스럽게 교육 과정의 주체로 서게 된다. 예를 들면, 1년 체험으로 논농사가 가능할 것인가 하고 교사가 의견을 내면 아버지들이 가능성 여부를 개진한다. 또 가족 등산을 할 때 1박이 좋은가 2박이 좋은가 산은 무슨 산이 좋은가를 서로 이야기한다. 시험 횟수 등 민감한 문제의 경우 때론 격론을 벌이기도 한다.

일부 학부모가 지필시험의 횟수를 늘려서 중간고사도 봐야 한다고 주장을 한다. 그럼 교사와 일부 학부모가 반대 의견을 말한다. 이런 문제는 상당 부분 긴 시간 토론을 하기도 한다. 그러나 대부분 학부모들이 교사들을 신뢰하기 때문에 교사회의 의견을 받아들인다.

학교 체육진흥회에서는 차량을 마련하여 아이들의 등하교를 돕는다. 그 바쁜 와중에도 아버지들은 순번제로 한 달씩 차량 운전을 맡는다. 정말 엄청난 헌신이다. 차량 유지비는 진흥회의 기금과 체육 행사 수익금으로 충당하는데 그 액수가 만만치 않다. 이런 부분에 대하여 여러 번 교육청의 지원을 요청했으나 법조문에 없다는 이유로 근 6년 동안 한 푼도 지원을 받지 못하고 있다. 아침에 일찍 등교를 시켜주므로 축구부 운영이 가능하고, 오후 4시 반에 안전하게 아이들 하교를 책임지므로 학부모들은 안심하고 아이들을 학교에 맡길 수가 있는 것이다. 그런데 아버지들 모두 바쁘고 차량 운영비가 상당한 액수라서 언제까지 이 일이 이루어질 수 있을지는 알 수가 없다. 나는 군청과 교육청에 이 일로 민원을 넣기까지 했으나 긍정적인 답을 얻지 못했다. 꼭 필요한 곳에 나라의 예산이 쓰이지 못하는 안타까움은 이루 말할 수가 없다.

하호 교사들은 회의를 참 자주 한다. 아주 작은 일도 서로 협의하여 합의점을 찾은 다음 일을 진행시키기 때문이다. 그래야 모든 일을 서로 충분히 알고 실행할 수 있어서 불만을 최소화할 수 있다. 그런데 회의가 잦다보니 회의에 지치는 경우도 있고 회의가 오히려 실행을 방해하는 경우도 종종 있다.

운동장 한켠에 있는 원두막의 초가 지붕을 개량하는 문제에서였다. 이 원두막은 3년 전에 아버지들이 직접 지은 것으로 지붕을 초가로 했는데 두 해는 가을에 이엉을 새로 해서 덮었다. 그런데 아버지들이 바쁘다보니까 한 해를 거르게 되었다. 초가 지붕은 곧 썩었고 군데군데

비가 샜다. 할 수 없이 만년 지붕으로 바꾸자고 합의하고 재료를 무엇으로 할 것인가 회의를 열었다. 기와부터 양철 지붕, 샌드위치판넬까지 다양한 의견이 나왔는데, 예산에 맞추자면 양철이나 샌드위치판넬을 쓸 수밖에 없었다. 초가의 멋진 분위기에서 양철이나 판넬로 바꾸자니 모두들 맘이 편치 않았다. 그래서 판넬이나 양철로 바꾸되, 전교생이 그림을 그려서 올리자는 의견이 나왔다. 그래서 벽화를 그리는 화가도 섭외해서 함께 의논을 하기도 하고, 양철과 판넬 중 어떤 것이 어울리느냐, 재료의 기본 바탕은 청색, 검정, 주황 중 어떤 것이 좋겠느냐 등등 의견이 분분했다. 또 그림을 전교생이 그리느냐, 고학년만 그리느냐도 논의 중이었다. 이 논의는 거의 두 달 가까이 진행됐는데, 초여름이 되어 비가 한두 차례 왔을 때, 모든 의논을 뒤엎고 하루 아침에 지붕이 덮이고 말았다. 학교 기사님이 업자에게 주황색 양철 지붕을 주문했고, 업자는 득달같이 재료를 실어왔다. 실어온 재료를 되돌려 보내기가 어려워 그냥 지붕을 덮고 말았다. 모든 논의가 하루 아침에 무산된 꼴이었다. 기사님이 너무나 간명하게 결론을 내버린 것이었다. 이때 우리 모두는 쓴웃음을 웃고 말았는데, 아이들 몇몇은 '초가가 좋은데 양철 지붕이 뭐냐'고 툴툴거렸지만 그냥 못 들은 척하고 넘기고 말았다. 어쨌든 이 사건은 지루한 회의에 대한 또다른 생각을 하게 해주었다.

그러나 대부분의 회의는 좋은 결론을 이끌어냈다. 한 사람이 미처 생각하지 못하는 것을 서로 의견 교환을 하면서 점점 좋은 꼴을 갖춰나가는 것을 무수히 보았다. 백짓장도 맞들면 낫다든가. 서로의 신뢰에 바탕한 의견 나눔은 틀림없이 좋은 성과를 얻었다.

분교의 장점

그리고 무엇보다 중요한 것은 회의의 결론이 반드시 실천으로 이어져야 한다는 것이다. 하호에서 회의의 결론은 곧바로 실행된다. 그러나 대부분 학교의 회의는 의견 취합이 아니라 지시 전달로 끝난다. 교사들이 아무리 회의를 해서 결론을 내봐야 단 한 사람, 학교장이 받아들이지 않으면 그것으로 끝이다. 때문에 교사들은 학교장과 싸우거나 포기하거나 둘 중의 하나를 선택할 수밖에 없다. 그러나 하호 교사 회의에서 결정된 사안은 곧바로 실행될 수밖에 없는데, 그건 분교의 특성상 본교의 학교장이 분교 교사들 합의 사항을 잘 용인하기 때문이다. 하지만 안타까움은 여전하다. 다수인 교사 회의 결정 사항보다 단 한 사람 학교장에게 학교 운영의 모든 결정권을 주고 있는 현 제도가 불합리하기 짝이 없다는 생각에서이다.

또 하나 분교의 교사들이 오로지 아이들만을 위한 다양한 교육 활동에 매진할 수 있는 것은 공문을 비롯한 잡무 처리가 없기 때문이다. 보통 시골의 작은 학교에서 교사가 접수하는 공문은 한 해 수백 건에 이른다. 그 가운데 수십 건을 처리해야 하는데 한 건당 한두 시간 이상의 공을 들여야 한다. 그래서 '교무부장을 맡은 교사는 공문 처리 틈틈이 아이들을 가르친다'는 자조 섞인 말을 하기도 한다. 이 때문에 거의 모든 시골 학교의 교사들은 수업 또는 아이들의 교육 활동과 관련한 대화보다는 업무 처리에 관한 대화가 90% 이상을 차지한다. 아이들의 교육 활동과 직접 관련이 있는 매우 중요한 공문은 사실 그리 많지 않다. 그럼에도 교사들이 수많은 공문 처리를 해야 하는 현 시스템은 반드시 폐

기되어야 한다. 진짜로 교육 활동의 중요한 지원자는 교육행정실이다. 아이들의 교육에 필요한 재정의 전반에 대해 책임을 지고 있는 행정실은 반드시 인원이 확대되어야 한다. 시골 작은 학교는 행정 서기 한 명과 비정규직 보조원 한 명을 두고 있는 것이 현실이다. 분교가 있는 본교건 그냥 보통 학교건 마찬가지이다. 회계 출납과 물건의 구입을 이 행정실에서 모두 처리한다. 아이들의 교육 활동에 행정실의 지원은 절대적이다. 행정실의 정규직을 늘려서 이들의 과중한 업무도 줄여주고 아울러 교사들의 공문 처리도 모두 행정실로 이관해야 할 것이다. 그렇게만 된다면 모든 학교의 교사들은 오로지 수업과 아이들의 교육 활동에 대한 대화만으로 회의를 진행할 수 있을 것이다. 너무나 자명한 사실인데도 교육 당국만 모르쇠로 일관하고 있다.

마지막으로 재미있는 일화 하나 더.

얼마 전 여름방학을 하는 날이었다. 아이들을 다 보내고 나서 우리 하호의 선생님들이 교무실에 모두 모였다. 4학년을 맡은 오태현 선생님이 말씀하셨다.

"오늘은 우울한 날이예요."

"예?"

다들 놀라서 선생님을 바라보았는데, 오태현 선생님이 픽 웃으며 말했다.

"우리 반 아이들이 우울하대요. 특히 한규는 '선생님 인제 학교 못 와요?' 하고 찡그린 얼굴로 묻더라니까. 참 내, 방학하는 게 그렇게 싫은 가봐."

"맞아요. 맞아."

올해 처음 하호에 온, 2,3학년 복식을 맡고 있는 김자은 선생님도 크게 고개를 끄덕였다.

"아이들이 전혀 좋아하는 얼굴이 아니더라구요. 신문기자가 하호에 오면 왜 그 있잖아요. 방학했다고 좋아하는 아이들 사진요. 그건 못 찍을 거에요."

"참 내 녀석들, 학교가 그렇게 좋은지 원!"

현재 하호의 최고참인 임명숙 선생님의 말에 자리에 있던 사람들이 다 웃었다.

하호 아이들은 왜 학교가 좋을까? 답은 지금까지 내가 한 이야기에 이미 나와 있다.

2008년 12월 장주식

차례

여는 글_ 방학하는 날이 슬픈 아이들이 다니는 학교   4

분교일기 | 3월 ~ 4월

행복한 만남

행복한 만남 21 | 바람에 대한 통찰 24 | 커다랗고 차가운 눈 29
아이들이 쓴 시 35 | 입 조심 48 | 서울발 '일제평가 부활' 51 | 말라버린 샘물 56
봄비 감상 63 | 모든 학교의 분교화! 65 | 고맙습니다. 밀머리 선생님 68
전교 어린이회의 71 | 감자 심기 75 | 식물과 눈 맞추기 78 | 할미꽃 80
전래동요를 찾아서 88 | 영어 교과 92 | 동물들의 '길 죽음' 95 | 망각의 월요일 99
책 · 어린이 · 어른 102 | 문화 답사 105 | 점수 경쟁의 전쟁터 108

❚ 짧은 글 산책

우리 옆집 새하늘 교회 112 | 우리 동네 빵박씨 117

분교일기 | 5월 ~ 7월

하호 아이들의 여유

온종일 아이들과 123 | 어린이, 끊임없이 솟아나는 샘물 126 | 우리들 세상 128
스승의 날 131 | 성실한 사람들 134 | 5월의 시 136 | 광호 142
리더의 역할 145 | 혜주 아빠의 꿈 149 | 갈등과 중재 151 | 새롭기 때문 155
대부도 갯벌 체험 157 | 고마운 비님이 오시네 160 | 기기묘묘 163 | 민속놀이 165
소중한 우리말 168 | 하호 아이들의 여유 170 | 시험 173

점수 표기 통지표 부활 175 | 역사 교과서 178 | 방학 계획 180

▌짧은 글 산책

아줌마 두부 186 | 박꽃 폈나 봐라 189

분교일기 | 8월 ~ 12월

새로 주문한 책

오랜만이다, 아이들아! 195 | 아이들이 있어, 세상은 아름답다 200 | 우기 203
사랑인가 우정인가! 204 | 연극놀이 206 | 이상 기후 208 | 소통 211
내가 부르자, 넌 나에게로 와서… 214 | 운동회 217 | 만드는 즐거움 221
연기 수업 223 | 예쁜 마음 씀씀이 225 | 길쭉, 뚱땡이 고구마 228
참 잘했어요 238 | 생활이 드러나는 글 241 | 대안학교 245 | 이별 246
행복한 추억 248 | 겨울엔 정말 해가 그립다 254 | 학기 말 256 | 고무줄 총 258
소중한 만남을 기억하며 260 | 새로 주문한 책 263

▌짧은 글 산책

항아리 아저씨 265 | 나는 사랑하고 증오한다, 고로 존재한다 269

교육의 길

나와 학교, 그 평생의 인연 275

행복한 만남

즐겁게 웃는 아이들을 보면
가슴이 뛰고, 커다란 힘과 의욕을 얻는다.
결국 교사는 학교에서 아이들 속에 있을 때,
정말이지 가장 행복하다는 걸 새삼 느낀다.
맑고 거짓을 모르는 아이들의 얼굴을 보라.
행복이 거기에 있다.

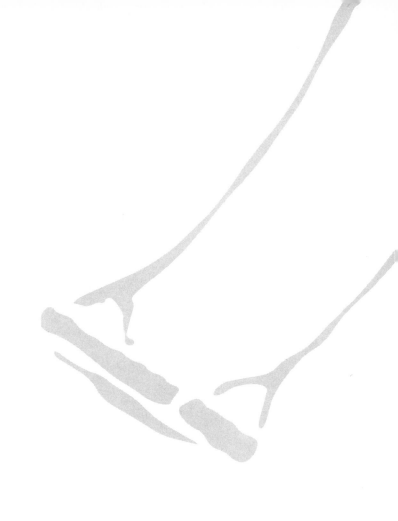

*이 책에 수록된 일기는 2007년 3월부터 12월까지의 기록입니다.

행복한 만남

3월 5일 월요일

눈이 내린다.

어제 오후부터 비가 많이 내렸고, 밤에는 광풍이 몰아치더니 아침에는 기어코 눈이 내렸다.

눈은 하루 종일 내린다. 꽤 춥다.

학교를 옮기고, 새로운 아이들을 만난 지 사흘째. 새로운 아이들이라지만 이미 나와 서로 알고 있는 아이가 승비, 소라, 소희 셋에다가, 서로 이야기를 나눈 적은 없지만 이름을 알고 있는 아이가 혜주, 승용이 둘이었다. 학교 부임 첫해임에도 내가 아이들과 이미 친분이 있는 까닭은 부부 교사인 아내가 이곳 하호분교에서 지난 3년간 근무했기 때문이다. 당연히 그동안 나와 아이들 사이에 이런저런 만남이 있었다. 그래서 사실 따지고 보면 광호와 태성이 둘만이 내가 새롭게 만난 아이이다.

전교생 서른아홉의 분교. 분교치고는 학생 수가 많은 편이다. 올해부터 복식 학급 학생 수 제한이 10명 이하로 되어서, 우리 학교는 5학급이 되었다. 한 학급만 복식이 되었다. 새로 특수 학급도 만들어져서 특수 교사도 배치되었고 특수 학급 보조 교사도 채용했다. 특수반 학생은 2명이다. 교사가 넷에서 여섯으로 늘고, 전체 직원은 다섯에서 여덟이 되었다. 작은 학교가 복작거린다. 복식 학급이 하나 더 해소되어서 좋기는 하나 교실이 부족해 그 중 한 칸을 나눠 막아서 사용하니, 불편하다. 얼른 교실 증축을 해야 할 텐데 걱정이다.

3월 3일에는 전교 임원과 모둠, 짝꿍을 뽑았다. 하루 전에 입학한 1학년부터 6학년까지 모두 모였다. 글씨가 서툰 1학년도 칠판에 적힌 전교회장, 부회장 후보자의 이름을 써냈다. 열두 표를 얻은 소희가 회장이 되었다.

다음엔 모둠을 만들었다. 6학년이 모두 일곱이라 모둠은 일곱 개로 나누었다. 넷, 다섯, 여섯, 일곱까지 모둠원 숫자가 다양하다. 서로 좋아하는 언니, 형, 동생들과 모둠을 이루려고 떠들썩했다. 그러나 모둠이 만들어진 다음에는 얼굴을 붉히는 아이는 없었다.

다음엔 짝꿍 언니를 정하였다. 가장 아이들이 긴장하고 마음을 졸이는 순서다. 큰 아이들은 작은 아이들이 불러주지 않을까봐 걱정하고(그건 동생들에게 믿음을 얻지 못했다는 거니까) 작은 아이들은 자기가 좋아하는 언니, 형이 다른 아이 이름을 부를까봐 걱정한다. 얼굴을 발갛게 물들이며 아이들이 짝꿍을 정했다. 긴장과 재미와 흥분이 흐르는 시간이다.

잠시 쉰 다음, 모둠끼리 모여서 모둠판 꾸미기를 했다. 모둠의 이름, 모둠의 약속, 마음을 다지는, 율동을 곁들인 모둠의 구호와 노래를 만들었다. 한 시간 뒤에 모둠판을 보여주면서, 발표 시간을 가졌다. 내가 사회를 보았는데, 아이들이 무척 즐거워했다. 즐겁게 웃는 아이들을 보면서, 가슴이 뛰고 커다란 힘과 의욕을 얻는 것은 오히려 교사인 나였다. 결국 교사는 학교에서, 아이들 속에 있을 때 정말이지 가장 행복하다는 걸 새삼 느낀다.

맑고, 거짓을 모르는 아이들의 얼굴을 보라. 행복이 거기에 있다.

어제 읽은 논어의 한 구절이 떠오른다.
"인지생야는 직이니, 망지생야는 행이면이라."
(人之生也直, 罔之生也, 幸而免, 論語, 雍也篇)
−사람이 살아가는 바탕은 '정직함'이니, 거짓으로 속이면서 살아가
 는 삶은 겨우 요행으로 죽음을 면하고 사는 것이다.

아이들이 그렇다. 아이들의 삶은 '정직' 그 자체다. 아이들은 속일
줄을 잘 모른다. 남의 물건을 훔치고, 거짓말을 하는 아이도 더러 있으
나, 그것은 그 아이의 본 바탕이 결코 아니다. 그 아이의 뒤에 그늘처럼
드리워져 있는 그릇된 어른의 삶이 아이를 짓누르고 있기 때문이다. 그
어른은 부모일 수도 있고, 교사일 수도 있고, 다른 어른일 수도 있다.

바람에 대한 통찰

3월 9일 금요일 | 해가 떴다. 양지에 있으면 따뜻하다.

국어 시간, 아이들과 교과서에 수록돼 있는 시를 읽었다.

바람이 자라나 봐 김지도

잔디밭에서

앙금앙금

기어다니던

봄 바람이

나뭇가지에 매달려

푸름푸름

그네를 타던

여름 바람이

낙엽을 몰고

골목골목

쏘다니던
가을 바람이

어느 새
매끄러운 얼음판을
씽씽 내닫는 걸 보면
바람도 우리들처럼
무럭무럭 자라나 봐

- 〈바람이 자라나 봐〉 (김지도, 세계문예 2005에서)

이 시를 읽고 아이들과 이야기를 나누었다. 일곱 명 중에 셋은 시가 좋다고 하고 셋은 좋지 않다고 하고, 한 명은 중간이라고 한다. 좋다고 한 승용이는, "봄, 여름, 가을, 겨울이 다 들어가서 졸리지 않고 봄의 시도 아니고, 여름 시도 아니고 가을 시도 아니고 겨울 시도 아니라서 조금 색다른 느낌을 주고, 바람이 점점 성장한다는 상상이 재밌고 체험하고 나서 시를 쓴 것 같아서 더 좋다. 그리고 시를 표현할 때 푸름푸름, 골목골목, 무럭무럭, 씽씽 이렇게 표현이 잘 돼 있어서 좋다."고 말했다.

역시 좋다고 한 태성이는, "〈바람이 자라나 봐〉는 아이들이 커가는 모습을 바람이 자라는 것으로 참 적절하게 비유를 잘했다. 봄, 여름, 가을, 겨울에서 크는 모습을 보니, 정말로 자라는 것 같다. 잔디여서 봄은 아기이고, 나뭇가지와 그네에서는 1학년이고, 골목에서는 가을이라

3~6학년이고 얼음판인 겨울은 중고생이 된다. 이처럼 돌아가면서 써 있으니까 내 느낌으론 4계절이 들어가서 재미있고 잘 썼다."고 말했다.

그런데 혜주는 "나는 이 시가 싫다. 왜냐하면 경험이 없고, 상상으로만 이야기를 해서 재미가 없기 때문이다. 문장 중에서 '잔디밭에서/앙금앙금/기어다니던/봄바람이' 처럼 이 시는 자기의 생각대로만 쓴 것이라 싫다."고 하고, 승비도 이 시가 마음에 안 든다고 하면서

"바람이 자란다는 말은 굉장히 좋아. 하지만 나는 체험 없이 생각으로만 쓰는 시는 좋지 않다고 생각한다." 말하고 소희도

"이 시는 별로 안 좋다. 왜냐하면 자기가 경험한 느낌이 들어갔으면 좋았을 것 같은데, 경험한 느낌이 들어가지 않았다. 그리고 더 자세했으면 좋겠다. 마음에 와 닿질 않는다."고 말했다.

소라는 그냥 좋다고만 말하고, 광호는 좋기도 하고 안 좋기도 하다고 하면서 특별한 이유는 말하지 않았다.

아이들이 자기 생각을 말하는 사이사이, 나도 몇 마디 거들었는데, 기억에 남는 이야기를 기록해둔다.

승비가 먼저 이렇게 말했다.

"저는 이 시가 마음에 안 들어요."

이때 순간적으로 난 '그건 너만의 생각이지' 하고 받아칠 뻔했다. 아찔하다. 만약 그렇게 툭 말했다면 승비는 그냥 입을 닫았을지도 모른다. 나는 순간적으로 그 말을 누르고, 이렇게 말했다.

"승비야. 이 시가 니 맘에 안 든다면 이 시는 너한테는 좋은 시가 될 수가 없겠다. 그런데 승용이나 태성이처럼 이 시가 좋다는 사람도 있으

니, 이 시가 마음에 들지 않는 까닭을 좀 더 객관적이고 설득력 있게 말해줄 순 없을까?"

그랬더니, 승비의 얼굴이 환해지면서 곧바로 말했다.

"예. 까닭은 체험이 없기 때문이에요. 바람에 대한 체험 없이 상상으로만 쓴 것 같아요."

"좋다."

나는 승용이와 태성이를 보면서 승비 말을 어떻게 생각하느냐고 물었다. 태성이는 그냥 씩 웃고 대답이 없는데, 승용이가 대답했다.

"그런 것도 같아요. 그래도 전 이 시가 괜찮은데요."

승비의 말을 인정하면서도 자기가 좋다고 생각하는 점은 그대로 주장하였다.

결국 보면, 좋지 않다고 하는 아이들은 이 시를 쓴 시인이 바람에 대한 제대로 된 경험이 있느냐 없느냐를 따지고 있다. 또 좋다고 한 아이들은 이 시의 짜임(4계절-4연)과 말의 꾸밈(의성어, 의태어 같은)을 주로 들었다.

체험이 있다고 꼭 좋은 시가 되는 건 아니고, 상상으로 쓴다고 해 꼭 나쁜 시가 되는 것은 아닐 것이다. 문제는 시 안에 얼마나 시인의 진정성이 담겨 있느냐이다. 그런 부분을 좀더 공부하기 위하여 아이들에게 시 한 편을 더 주었다.

눈 이안

나는 내 뒤에서 누군가 딱 서서

내가 무얼 하는지
지켜보는 것 같다

공부는 제대로 하는지
딴 생각은 않는지

화장실 갈 때나
친구들이랑 놀 때도

커다랗고 차가운 눈이
따라붙는 것 같다

귀찮고 지겨워서 나는
어서 어른이 되어야지
어른이 되어
내 맘껏 살아야지
생각한다

－〈고양이와 통한 날〉 (이안, 문학동네어린이 2008에서)

　이 시를 주고 읽는데, 마침 시간이 끝났다. 좀 지루한 듯하여, 시 이
야기는 다음 시간에 하자고 약속하고 쉬는 시간을 가졌다. 아이들은 오
줌을 누거나 물을 먹으러 갔다. 여자 아이 둘은 체스판에 달려들었다.

커다랗고 차가운 눈

3월 12일 월요일

첫째 시간이 국어 시간이었다. 지난번(3월 9일)에 나누어주었던 〈눈〉
이란 시를 다시 읽고 이야기를 나누었다.

시를 태성이와 소희가 한 번씩 낭독하고 나서, 나는 이렇게 말하였다.

"이 시에 대한 감상을 써보자. 좋으면 좋은 까닭, 마음에 안들면 안
드는 까닭, 그저 그러면 그저 그런 까닭을 써보자. 또 이 시에서 이 시
를 쓴 사람이 말하고자 하는 핵심이 된다고 생각하는 연이나, 행을 찾
고 그 까닭을 말해보자."

아이들에게 시간은 10분을 주었다. 아이들은 열심히 쓴다. 10분 뒤
발표를 했다.

먼저 이 시가 좋다고 한 혜주는

"나는 〈눈〉이란 시가 좋다. 왜냐하면 어린아이들의 마음과 같기 때
문이다. 또 누군가가 나를 지켜본다는 것은 부모님이라는 생각이 든다.
그래서 아이들의 마음인 것 같다. 근데 왜 제목을 '눈'이라고 했는지
잘 몰랐는데, 자꾸 읽으니까 알게 되었다. 처음엔 '차가운 눈'이란 말

때문에 하늘에서 내리는 눈인 줄 알았다." 하고 말하고 마지막 연 '귀찮고 지겨워서 나는/어서 어른이 되어야지/어른이 되어/내 맘껏 살아야지/생각한다'가 이 시의 핵심이라면서

"부모님이 하라는 대로 무조건 부모님 말에 따르면서도 한편으론 반발하고 싶은 것이 요즘 아이들의 마음이다. '어른이 되어/내 맘껏 살아야지/생각한다'는 부분이 요즘 아이들의 마음을 잘 표현했다. 나는 그렇게 생각한다." 하고 결론지었다.

이어서 승비가 발표했다.

"나도 이 시가 좋다. 눈에 대한 자신의 생각과 느낌을 비유해서 잘 썼기 때문이다. 핵심이 되는 연은 혜주와 같은 5연이다. 시인이 자기의 생각을 잘 쓴 것이기 때문에."

소라는 생각과 경험이 잘 어울린 시 같아서 좋다고 말하였고 소희는 "'커다랗고 차가운 눈이/따라 붙는 것 같다'는 행이 좋은데, 시 전체는 그저 그렇다."고 말했다.

승용이는 이 시가 좋지 않다고 하면서

"시는 자기의 느낌과 생각과 상상을 겹쳐서 만든 것으로, 진실이 아니다. '커다랗고 차가운 눈이/따라 붙는 것 같다' 이것은 자기가 직접 보지도 않았는데 이렇게 표현하는 것은 사람들을 생각할 때 큰 것을 먼저 생각해서, '작고 차가운 눈' 이렇게도 충분히 나올 수 있는데, 인간의 심리는 큰 것을 더 좋아하고 무서워하니, 이 시는 생각으로 쓴 거다. 그리고 '귀찮고 지겨워서 나는/어서 어른이 되어야지/어른이 되어/내 맘껏 살아야지/생각한다' 이것도 어른이 되어도 같은 생각을 할 텐데,

또 맨 마지막 줄에 '생각한다'는 말 그대로 생각해서 쓴 것이다. 그리고 전부 '~같다'고만 쓰고, '지켜보는 것 같다'를 '지켜본다' 이렇게 쓰지 않았으니까, 이것은 전부 생각만으로 쓴 것이다." 하고 길게 말했다.

승용이 말을 듣고 내가

"생각만으로 쓰면 다 좋지 않은 시일까?" 하고 말했더니,

승용이는

"진실이 조금밖에 없다. 마지막 5연."이라고 말했다.

내가 다시 "승용이 말에 뭔가 다른 생각이나 뭐 할 말이 있는 사람?" 했더니 승비가 손을 들었다.

"이 시는 생각만으로 쓴 시는 아니다. 내가 보기엔, 이 시의 내용은 시를 쓴 사람이 다 느낀 것이다. 자꾸 읽어보니까 내용이 이해되고 시가 좋아졌다."

승비 말에 승용이는 별 말이 없고 혜주가 말했다.

"맞다. 나도 처음엔 '차가운 눈'이라고 해서 하늘에서 내리는 눈인 줄 알았는데, 자꾸 읽으니까 '사람의 눈'인 걸 알게 되었다. 그러니까 시가 이해되고 좋아지더라."

"아, 그게 사람의 눈이야?"

소희가 웃으면서 말했다.

"이 시는 이해가 잘 안되는 연이 있어서 시가 그저 그렇다고 했는데, 이제 이해가 된다. 그럼 나도 이 시가 좋다."

마지막으로 태성이가 말했다.

"나는 이 시가 싫다. 이유는 시가 조금 우울하고 답답하기 때문이다.

이 시에 대한 감상을 써보자.
좋으면 좋은 까닭, 마음에 안 들면 안 드는 까닭,
그저 그러면 그저 그런 까닭을 써보자.

이 시에서 나오는 아이가 마지막에 하는 말이, '어서 어른이 되어서 내 맘껏 살아야지'라고 말하고 어디서나 지켜보는 그 커다란 눈에서부터 아이가 싫어한다. 커다랗고 차가운 눈은 짜증난다. '커다랗고 차가운 눈'은 어른이 감시하는 것 같다. 분위가가 우울하고 답답해서 나는 이 시가 싫다."

내가 말했다.

"무조건 싫다고만 하면 어떡하나? 시를 잘 이해 못한 게 아닐까?"

"시의 분위기가 싫어요. 무겁고 답답해서."

"어디가?"

"'커다랗고 차가운 눈'이요."

"그렇다면 이 시가 쳐놓은 그물에 태성이가 걸린 것 아니야? 시인이 독자를 답답하고 우울하게 만들려고 쳐놓은 그물 말이야. 그렇다면 이 시는 성공한 건데?"

"맞아요. 이 시는 성공한 거예요."

승비가 끼어들어서 말했다. 태성이는 인상을 찡그리며 툴툴거렸다.

"난 답답한 분위기는 싫은데…."

두 번째 시를 갖고 아이들과 이야기하면서 재미있는 점을 발견했다. 교과서 시를 좋지 않다고 한 승비, 혜주, 소라, 소희는 〈눈〉을 좋다고 하고, 교과서 시를 좋다고 한 승용이, 태성이는 〈눈〉을 싫다고 했다. 그런데 승용이와 태성이의 논리는 〈바람이 자라나 봐〉를 좋다고 할 때는 그런 대로 설득력이 있었는데, 〈눈〉을 싫다고 할 때엔 논리가 좀 약했다. 특히 승용이는 〈바람이 자라나 봐〉를 체험이 있는 시라고 하였고, 〈눈〉을 상상으로만 썼다고 했으니, 시를 보는 눈이 '뒤바뀌어' 있다.

앞으로 죽 시맛보기를 해 가면서 어떤 변화가 올지 살펴보아야겠다.

아이들이 쓴 시

3월 13일 화요일 | 날씨가 많이 풀렸다. 따뜻하다.

우리 학교는 지금 군대 진지가 되어 있다. 학교 교문을 통과할 때도 두 위병이 문을 열어주어야 한다. 학교 뒷산은 모의 지뢰와 부비츄렙으로 뒤덮여 있다. 산에선 두런두런 보초병들의 말 소리가 들린다. 아이들은 군인이 많이 와 있으니 재미있다고 한다. 스물한두 살 먹은 군인들은 아이들과 장난도 치고 잘 논다. 아침엔 중대장이 한 소대 병력을 풀어서 운동장을 평평하게 펴주었다.

그동안 두 번의 시 수업이 있었는데, 한 번은 교과서에 실린 김지도 시인의 시 〈바람이 자라나 봐〉를 읽고, 한 번은 이안 시인의 시 〈눈〉을 읽고 비판을 하였다. 그리고 세 번째, 오늘은 시를 썼다.

국어 시간을 시작하려고 하자, 승용이가 "이것 안 했는데요?" 하면서 교과서의 '노란 이불 이야기' 부분을 펴 보인다.

그러자 승비가 "오늘도 시 공부해요." 하고 말했다.

나는 아이들 곁에 앉아서 말했다.

"오늘은 시를 써보자. 시를 두 번이나 읽고 이야기를 나누었으니 우리도 한번 써볼 때가 된 것 같다."

아이들은 "우아, 어떡해." 하는 소리를 내었지만 그리 싫다는 표정은 아니었다. 그래서 나는 자신감을 갖고 밀어부쳤다. 〈눈〉이란 시를 복사한 종이를 다시 나눠주고 말했다. 그 종이에는 이미 지난 시간에 자신들이 느낌을 쓴 것이 있다.

"음. 〈눈〉이란 시를 보면, 이 시에 등장하는 아이는 뭔가 심하게 억눌린 듯하다. 늘 커다랗고 차가운 눈초리에 감시당하고 있지 않느냐. 그렇지?"

아이들이 고개를 끄덕였다. 이 시를 싫다고 한 태성이와 승용이의 반응을 주의깊게 보았는데, 두 친구 다 내 말에 고개를 끄덕였다.

"그래서 말인데, 지금 나에게 괴로운 것, 답답한 것, 불편한 것, 뭐 그런 것들을 시로 한번 써보자. 지금 당장 나를 가장 짓누르고 있는 것이 무엇일까?"

그러자 혜주가 대뜸 "아, 저 있어요!" 했고, 소희와 승비도 고개를 끄덕인다. 뭔가 생각이 났다는 눈치였다. 나눠준 〈눈〉을 복사한 종이의 뒷면에 시를 쓰라고 하자, 혜주와 태성이, 승비, 소희는 바로 연필을 잡고 쓰기 시작하였다. 승용이는 좀 고민하는 표정이더니, 곧 쓰기 시작했고, 소라는 무척 괴로워했다. 쓸 게 없다고 그러더니, 다른 아이들이 다 써서 낼 무렵 쓰기 시작했는데, 자기 자리에서 잘 안 써진다고 해서, 내 자리에서 쓰라고 했다. 그랬더니 "선생님 자리에 앉아서 쓰니까, 잘 써졌어요." 하면서 금방 써 갖고 왔다. 그리고 광호는 아이들이 다 낸 뒤에도 우물거리고 있길래 좀 보여 달랬더니, 다음과 같았다.

내 생각 박광호

다른 애들은 다 썼는데
나는 지금 나의 생각을 쓰고 있다
지금 나의 생각은 조금 짜증나고 너무 느리다
발표하기가 싫다

그래서 내가 말했다.

"이건 시라고 하긴 어렵겠다. 또 생각이 이것저것 섞여 있어서 너의 생각을 잘 알기가 어렵다. 그러니 한 가지 주제로 집중해서 써보자." 하고는 내가 〈느린 것〉이라고 제목을 써주었다. 왜냐하면 광호는 뭔가를 만들어내는데, 너무 많이 망설이고 표현을 어려워하기 때문이다. 내가 제목을 주었더니, 상당히 빠른 속도로 광호는 글을 완성했다. 그 시는 아래와 같다.

느린 것 박광호

나는 느리다
너무 느리다

느려서 혼나고
느려서 놀림받고

나는 느린 게 싫다
다음부터는 빨라져야지

나는 느리다
생각하는 것도 느리다
말을 하는 것도 느리다

나는 이 느린 것들을 고치고 싶다

내가 광호의 시를 낭독해주었더니 아이들이 다 손뼉을 쳤다. 환호성을 지르면서 말이다. 광호의 눈가가 발그레해졌다. 다른 아이들이 자기 시도 나에게 낭독해달라고 졸랐다. 그래서 난 하나하나 낭독을 해주었다. 낭독을 할 때마다 아이들은 시의 작자에게 서로 아낌없이 박수를 보내주었다.

내 방 김소희

혼자 있을 수 있는 방이 없다
혼자 공부하고
집중을 해서 긴 책도 읽고
혼자 자고 싶다

내 방에서 친구들이랑 놀고 싶다

방이 있으면

뭐든 잘할 수 있겠다

하지만 조금 있으면 생긴다

바로 내 방이 빨리 생기면 좋겠다

아이들이 감동한 눈빛을 보냈다. 열화와 같은 박수가 터졌다. 내가 말을 안 하고 넘어갈 수가 없었다.

"시가 참 좋다. 자기의 생각을 정말 솔직하게 썼기 때문이다. 이렇게 조금의 꾸밈도 없이 자기 생각을 진실하게 나타내면 사람에게 감동을 줄 수가 있다."

태성이가 고개를 끄덕인다. 나는 한 마디 덧붙였다.

"그런데, 마지막 두 행이 완전히 감동을 깬다."

혜주가 대뜸 "맞아요. 선생님 말씀을 듣고 보니 진짜 그래요. 그건 없는 게 좋겠어요."

내가 짐짓 혜주를 흘겨주고 말했다.

"안 되지. 남의 싯구를 함부로 없애라 할 수는 없어요. 본인의 의견이 중요하지." 하면서 소희를 보았더니,

소희는 "그거 빼지요 뭐." 한다. 그래서 나는 시를 적은 종이를 소희에게 주었다. 소희는 조금의 망설임도 없이 마지막 두 행에 두 줄을 그었다.

엄마의 잔소리 임승비

밥 먹을 때나
공부할 때
세수할 때도
엄마의 잔소리는
끝나지 않는다(항상 나를 쫓아 다닌다)

나는 잔소리를 들을 때마다
머리카락이 삐죽삐죽 서서
짜증이 나는데
엄마는 어릴 때
잔소리를 많이 안 들었나보다

나는 빨리 잔소리에서 벗어나고 싶다

　　승비의 시에서는 '끝나지 않는다' 부분이 이야기할 만했다. 승비는 애초에 시를 냈을 때, '끝나지 않는다'를 지우고 '항상 나를 쫓아다닌다'로 바꾸어 냈다. 그런데 내가 두 가지를 다 읽어주었더니 아이들이 '끝나지 않는다'가 더 좋다고 하였다. 그러자 승비도 그렇게 하자고 했다. 이것은 한번 쓴 것은 절대로 지우개로 지우지 말고, 줄만 쳐 두라고 한 것이 좋은 효과를 낸 장면이 된다. 나는 시를 쓰기 전에 지우개를 치우라고 하면서

"한번 쓴 것은 절대 지우지 말자. 왜냐하면 고친 것보다 처음 것이 나을 수도 있기 때문이다. 어떤 시인은 한 싯구를 열 번을 고쳤는데, 결국 가장 먼저 쓴 것이 마음에 들어서 그것으로 시를 완성했다는 이야기가 있다." 하고 말해주었다. 승비가 지우개로 지우지 않은 것이 정말 다행이었다.

6학년 박혜주

나는 이제 6학년이 되었다
6학년이 되어보니
작년 6학년들이 생각난다

내가 막상 6학년이 되어보니
작년 6학년들에게 미안해졌다

동생들이 까불 때 봐주어야 한다는 거
나는 동생들이 까불 때 한 대 팍! 때리고 싶을 정도로
동생들이 미워 죽겠다
정말 겪어보지 않으면
그 마음을 모른다

작년 6학년들이 대단하다(대견스럽다, 멋지다)
나는 작년 6학년들을 본받아야 한다는 생각을 한다

혜주는 '대단하다'라는 말을 1차 대견스럽다, 2차 멋지다로 고쳤다가 마지막에 대단하다로 썼다. 혜주는 지금 6학년으로서 모둠을 이끌어야 한다는 것에 큰 부담을 갖고 있다고 했다.

마음 이승용

난 마음이 편하다
나는 마음이 넓은 초원처럼
나는 괴로운 마음 슬픈 마음은 잊고
즐거운 마음으로 살고 있다

내 마음 개울에 물처럼
깨끗해지는 그날
나는 마음 편하게 웃고 죽을 수 있다

생각 이승용

나는 즐겁다
친구들과 공부하는 것도
친구들과 노는 것도
너무 즐겁다

나는 이 즐거운 마음을

죽을 때까지 간직하고 싶다

이 생각이 날 올바르게 하고
우울한 생각 짜증나는 생각을
떨쳐버리게 하니까

승용이는 두 편을 썼다. 그것도 엄청 빠른 속도로. 승용이 시를 낭독
해주자, 아이들의 첫 반응이 "'죽는다!' 이야기를 자꾸 한다"였다.

나도 궁금해서 물었다. 승용이는 씩 웃으면서 대답했다.

"사람은 어차피 죽잖아요. 즐겁게 살아야지요."

즐겁다는 생각을 하면 즐거워진다는 것이다.

"그래. 승용이 시에는 깊은 생각이 들어 있다. 충분히 쓸 수 있는 시
라고 생각한다." 하고 내가 말했더니 혜주가 말했다.

"맞아요. 승용이 시는 마지막에 꼭 멋있는 말이 있어요." 하였다.

그림자 정소라

내가 놀러 갈 때나
친구들이랑 놀 때도
늘 함께 있는 내 친구

내가 울 때도

옆에서 위로해주는
내가 웃을 때도
언제나 함께 있는
나의 소중한 친구

내가 혼자 있을 때도
내 옆에서 든든하게
해주는 친구

아무도 없을 때
나랑 같이 놀아주는 친구는
바로 그림자

소라의 시를 낭독하고 났을 때 아이들이 박수를 치지 않았다. 내가
왜 치지 않느냐고 그러면 되냐고 박수를 치라고 했더니 그제서야 쳤다.
박수를 치고 나서도 여기저기서 불만이 쏟아져 나왔다.

"나는 그림자가 무섭던데…."
"해가 안 뜨면 그림자랑 어떻게 노냐?"
"그림자랑 놀려고 일부러 해 밑에 서 있냐?"

소라가 얼굴이 벌개졌다. 나도 한마디 했다.

"어디서 많이 본 듯한 시다?"

소라가 고개를 끄덕였다. 인정한다는 뜻이었다. 결국 소라의 시는 자신의 생각을 진실되게 나타내지 못함으로써 아이들에게 인정을 받지 못했다.

그런데 혜주가 "마지막 연은 그럴 듯해요. 진짜 그런 것 같아요." 하자, 승비도 고개를 끄덕여주었다. 소라가 벌개진 얼굴로 고개를 숙이고 있다가 피식 웃었다. 쓸 게 없다고, 쓸 게 없다고 괴로워한 소라의 시였다.

동생 김태성

말을 안 들어서 걱정이다
말을 안 들어 걱정이다

동생은 괜찮나? 안 다쳤나?
동생은 괜찮나? 숙제 잘하나?

동생이 걱정이다
걱정이다

놀기만 하여서 걱정이다
놀기만 해서 걱정이다

동생은 공부하나? 안하나?

동생은 숙제하나? 안하나?

동생이 걱정이다
걱정이다

눈이 나빠서 걱정이다
눈이 나빠 걱정이다

잘 보이나? 잘 보이나?
안 보이나? 안 보이나?

동생이 걱정이다
걱정이다

힘찬 박수와 함께 환호성이 터졌다. 시가 너무 좋다고 아이들이 난리다. 동생을 생각하는 마음이 참 잘 나타났다고 아이들이 말한다. 아이들 모두 태성이 동생 지성이를 잘 알고 있기 때문이다.

내가 물었다.

"태성아. 너 백창우 아저씨가 만든 노래, 〈걱정이다〉라는 노래 들어봤니?"

"아니요."

혜주가 나섰다.

"맞아요. 태성이는 작년에 전학와서 못 들었을 거에요. 우리는 많이

들었지만."

"그래? 태성아 이런 노래가 있단다. 걱정이다, 걱정이다…."

내가 노래를 부르자 아이들이 따라 불렀다. 태성이는 전혀 모르는 노래라고 하였다. 그럼 그 시를 흉내낸 것이 아닌 게 틀림없다는 이야기다. 나는 태성이 시를 칭찬할 수밖에 없었다. 봄볕이 따뜻하다. 창 밖에 보이는 산이 연하디 연한 봄빛으로 물들어가는 듯하다.

입 조심

3월 15일 목요일

말 실수를 했다. 수학 공부 시간이었다. 평면도형과 입체도형을 구분하는데, 두 도형의 차이점을 찾아보고 있었다.

내가 칠판에 표를 그려 놓고,

차이점	넓이	높이	부피
평면도형			
입체도형			

"자, 넓이는 어떨까?" 하고 물었는데, 아이들이 평면과 입체도형 둘 다 있다고 대답하였다. 나는 잘했다고 하고, '넓이' 제목 아래 빈 칸에 ○를 그려 넣었다. 그리고 평면도형에 높이는 있을까? 하고 물었는데, 있다는 대답과 없다는 대답이 섞여 나왔다. 그래서 다시 이렇게 물었다.

"있다고 생각하는 사람?"

승비, 혜주, 광호가 손을 들었다. 이어서

"없다고 생각하는 사람?"

승용이와 태성이가 손을 들었다.

내가 웃으면서, '높이' 제목 아래에 ×표를 하면서, 평면도형은 높이가 없다고 말하였다. 그때, 승용이가 이렇게 말했다.

"아, 없구나!"

그런데 승용이의 그 말이 좀 고깝게 들렸다. 억양이, 약간 비꼬는 듯한 그런 어투였으므로 듣기에 기분이 좋지 않았다. 기분이 언짢았지만 그냥 넘어가려는데, 승용이가 또 말했다. "아~, 없~구나!" 여전히 까불고 비꼬는 듯한 그런 어투, 이번엔 태성이도 따라서 "아, 없구나!" 하였다. 나는 그만 참지 못하고, 두 녀석을 일으켜 세웠다. 두 녀석이 쭈빗거리며 일어섰다.

"지금, 장난치자는 거냐? 공부 시간에 장난치자는 거냐고?"

두 녀석이 머쓱한 얼굴로 나를 바라본다. 말을 시작하자 화가 치민다. 말이 점점 거칠어졌다.

"옆으로 나가. 자리에 앉지마. 공부할 필요도 없어. 먼저 인간이 되어야지. 공부는 해서 뭐해."

좀 심하다는 생각을 하면서도 말을 멈추지 못했다. 상황은 점점 더 나쁜 쪽으로 흘러갔다. 두 녀석은 내 명령대로 자리에서 일어서서 엉거주춤 서 있다.

"서 있지 마. 꿇어 앉아. 꿇어 앉아서 뭘 잘못했는지, 반성해봐. 어떻게 공부 시간에 그렇게 까불 듯이 말할 수가 있냐고. 선생님하고 지금 장난치자는 거야? 공부 시간에? 생각을 해봐라. 너희들이 형한테 그렇게 까불었다고 해봐. 벌써 한 대 얻어맞았을 거야. 태도가 정말 나쁘다.

너희들은 나쁜 놈들이야. 공부는 하면 뭐해? 태도 나쁜 놈들이 공부 많이 하면 더 나쁜 놈 돼."

험하고 거친 말을 마구 쏟아 놓았다. 두 녀석은 묵묵히 듣고 있다. 아, 마지막의 몇 마디는 하지 않았으면 좋았을 걸. 후회해도 소용이 없었다. 이미 해버린 말이었으니. 두 녀석도 기분이 나쁜 모양이었다.

잠깐 꿇어 앉혀 두었다가 일으켜 세워, 자리에 앉으라 하고 공부를 다시 계속했다. 그리고 나서 두 녀석과 이야기를 하였다.

"뭘 잘못했는지 말해보자."

"까불듯이 말한 거요."

"수업 시간에 선생님에게 장난치듯 말한 거요."

결국 아이들은 내가 한 말을 그대로 되뇌일 뿐이었다. 뭘 잘못한 건지, 왜 혼나는 건지 모른다는 뜻이었다. 나는 말했다.

"이제 6학년인데, 앞으로 모둠활동도 많이 해야 하고, 밑에 동생들을 데리고, 활동할 일도 많은데, 그렇게 진지하지 못하면 어떡할 거냐? 좀 진지한 태도를 기르면 좋겠다."

두 녀석은 고개를 끄덕이고 돌아갔다.

그러나 난 왜 이리 부끄러운지 모르겠다. 아이들이 충분히 할 수 있는 반응을 두고, 왜 그리 화를 냈는지, 부끄럽기 짝이 없다. 거칠고 험한 말에 상처 입었을 두 아이에게 큰 잘못을 저질렀다. 정말 조심해야 할 일이다. 조심하자. 조심. 입!

서울발 '일제평가 부활'

3월 16일 금요일 | 완연한 봄이다.

집 뒤뜰의 복수초가 노란 꽃을 피운다. 그러나 활짝 핀 꽃잎을 볼 수가 없다. 꽃잎이 벌어지기도 전에 출근을 하고 꽃잎이 다물어진 뒤에 퇴근을 하는 까닭이다. 아내가 오늘 아침에 안타깝게 말했다.

"아, 꽃을 두고도 못 봐."

학부모총회를 했다. 우리 학교의 학부모들은 여느 학교의 학부모들과 다르다. 학교 교육 과정의 내용과 일정도 세심하게 함께 의논을 한다. 약 서른 가구 정도 되는데, 총회엔 절반 정도 되는 가구에서 어머니 또는 아버지가 참석하였다. 협의회 자료는 다음과 같다.

1) 연간 수업 일수와 시간 운영 계획
2) 재량, 특활 운영 계획
3) 체험과 현장 학습 계획
4) 방과 후 특기 적성교육 계획(예정)
   −사물놀이(전교생), 종이접기(저학년), 미술(저학년), 음악(전교생),

요리(고학년), 축구(3~6학년)

5) 학력 평가의 시기와 방법

6) 학교 통학버스 운영 협의

7) 학교 스쿨뱅킹 운영 협의

8) 학부모 평생 교육-요가, 킬트, 기타 협의

9) 학교 미화-자모회의 운영 협의

10) 기타 협의 사항

시간 운영 계획을 두고, 재량활동과 특활, 특히 현장학습과 체험활동에 대한 협의가 길게 이어졌다. 갯벌 체험의 일정 조정과 1박을 할 것인가 말 것인가 의논. 조령산 산행을 1박 2일로 전교생이 가는 문제. 야영 때의 프로그램 안내 따위가 진지하게 오고 갔다. 특기 적성교육도 아침 시간을 활용하는 문제에 있어서 통학버스 운영 주체인 체육진흥회의 의견을 듣고, 좋은 방향으로 결론이 났다.

여러 가지 협의 사항이 화기애애하게 잘 협의가 이루어졌으나, 학력 평가 문제에 있어서 이견이 많이 나왔다. 학부모들은 주로 학력 평가의 횟수를 늘리자는 의견을 내었다.

"지금 학기말 학업성취도 평가만 있는데, 중간에 한 번 더 평가를 하면 좋겠어요. 그래서 도합 네 번 정도."

2학년 어머니였다. 교사들이 누구도 먼저 선뜻 나서서 말을 하지 않았다. 잠시 침묵.

"맞아요. 두 번은 너무 적은 것 같아요. 우리 학교는 시험을 자주 보지 않아서 아이들이 중학교에 가면 적응이 잘 안된데요. 중학교에선 월말고사를 본다는데."

5학년 어머니였다. 또 다른 어머니가 막 말을 하려고 할 때였다.

"저, 그게 말이죠. 횟수가 그리 중요한 것 같지는 않아요. 잘하는 아이들은 시험을 자주 안 봐도 여전히 잘하거든요."

임명숙 선생이 말을 했는데, 그리 설득력 있게 들리지 않는 모양이었다. 학부모가 대뜸 반박을 하고 나왔다.

"잘하는 아이는 몰라도, 좀 못하는 아이들에겐 자극이 되지 않겠어요? 시험 횟수를 늘리면 말이죠."

나도 참지를 못하고 한마디 했다.

"이런 부분을 판단했으면 좋겠습니다. 그 학업성취도 평가라는 게, 매우 부분적인 평가라는 겁니다. 전과목을 보는 것도 아니고, 국어와 수학 같은 주지 교과 두세 개를 지필평가하는 거란 말이죠. 두세 달 학습한 것을 스무 문제 또는 스물다섯 문제로 평가를 하지요. 그렇게 하여 누군 100점, 누군 50점 하면서 순서를 매기게 됩니다. 아이들의 성장에서 본다면, 특히 아이들의 전체적인 모습을 놓고 볼 때 극히 부분적인 평가로 한 아이의 등수를 매긴다는 거지요. 이게 과연 바람직한 것일까? 의문을 가져야 합니다."

꽤 논리가 괜찮았다고 스스로 평가하고 있는데, 학부모들은 전혀 설득이 되지 않았다.

"그래도 중학교에 가면 시험을 자주 보는데…."

"그럼, 저학년은 보지 말고, 4·5·6학년만 횟수를 늘리면 되지 않을까요?"

학부모들은 시험 횟수를 늘리는 부분에선 전혀 양보할 생각이 없는 듯했다. 학부모와 교사의 의견이 평행선을 달리면서 논의는 지루하게 이어졌다.

교사들의 주 논지는

"성적제일주의의 교육은 바람직하지 못한 교육이다. 중학교가 바람직하지 못하게 교육을 하고 있는데 그걸 따라가잔 말인가? 초등학교에서만이라도 아이들이 시험 점수에 매이지 않게 해주자. 그 행복한 추억은 아이들의 평생에 굳건한 밑바탕이 되어줄 것이다."였고,

학부모들의 주 논지는

"좋다. 바람직한 교육이 그렇다고 하더라도 현실을 인정하지 않을 수 없다. 현실은 대학을 가느냐 못 가느냐에 오로지 관심이 모여 있다. 싫어도 어쩔 수 없지 않느냐? 이 사회에서 살아 남으려면 말이다. 이제 고학년이면 곧 중학교에 가는데 서서히 준비를 해둬야 하지 않는가?"였다.

상당히 오랫동안 접점을 찾지 못하고, 논의가 이루어지다가 결국 "무엇이 진정으로 아이들을 행복하게 하는 길인가?"를 화두로 삼았을 때, 시험의 횟수를 늘리지 않는 것이 낫겠다는 쪽으로 의견이 겨우 모아졌다. 다만, 올해는 학기말 시험만 보고, 중간평가를 보는 문제는 내년에 더 논의를 하자는 조건을 두고. 지루하게 공방이 이루어지는 속에서, 아무 말 없이 교사들의 의견에 계속 고개를 끄덕인 학부모가 있었다. 바로 서울에서 이사를 와 올해 신입생으로 입학한 아이의 어머니였

다. 도시의 교육에 실망하고 대안을 찾던 중에, 우리 학교의 소식을 듣고 용단을 내려 찾아온 집안이었다. 그 어머니는 시험의 횟수를 놓고 따지는 이야기를 들으며 착잡한 표정을 지었다. 실망한 도시의 그 교육과 무엇이 다른가?

다양한 자연 체험학습과, 전교생이 함께 하는 산행, 야영 같은 이야기, 밀머리 미술학교와 같이 예술단체가 학교에 들어와 함께하는 영상 수업, 문화관광부 지원으로 하고 있는 연극 수업을 이야기할 때는 눈을 빛내면서 이야기를 듣던 어머니였는데.

점점 위세를 떨쳐가는, 서울발 '일제평가 부활'의 목소리! 가슴이 답답하다. 저리 산과 들에는 연두빛 새 순이 움트고 있는데….

그러나 평가를 다양화한다면 어느 정도 의미가 있을지도 모르겠다. 단순한 '지필평가'가 아니라, '논술평가' 같은 것을 한 학기에 한 번 정도 해볼 수도 있겠다.

말라버린 샘물

3월 19일 월요일 | 따뜻하다.

토요일에 아이들과 주봉산 산행을 했다. 주봉산은 학교 뒷산이다. 학교에서 산쪽으로는 울타리가 없으니 그냥 아무 곳으로나 한 발을 나가면 산이다. 오늘은 뽕밭으로 올라갔다. 옛날 누군가 부쳐먹던 밭인데, 오래 묵어서 뽕나무만 우거졌다. 군인들이 한 열흘 와서 온 산에 진을 치고 훈련을 한 탓으로 땅이 아주 반들반들하다. 산에도 사방으로 오솔길을 만들어놓았다. 처음부터 좀 가파른 길이 이어졌다. 태성이와 승용이는 벌써 뒤쳐진다. 광호는 날다람지처럼 길이 없는 곳으로도 잘도 오르내린다. 여자 아이들 가운데는 혜주가 아주 잘 따라온다. 아이들에게 물었다.

"힘들지 않아?"

"하나도 힘들지 않아요. 아빠랑 맨날 가요."

혜주가 발개진 얼굴에 조금 들뜬 목소리로 대답했다. 나는 들은 이야기가 있어 고개를 끄덕였다. 혜주의 아버지는 '심마니'라고 불린다. 해마다 집 뒷산에서 산삼을 캐는 까닭이다. 그 동네에 혜주네가 혼자 사는 것도 아니고, 혜주네 아빠만 산에 가는 것도 아니건만 다른 아저씨들은 통 산삼을 캐지 못한다. 혜주네 아빠는 해마다 몇 뿌리씩 산삼을 캐는데도 다른 동네 사람은 지금껏 단 한 뿌리도 캐지 못했다고 한다.

혜주네 아빠는 주봉산 꼭대기에 있는 '산불 감시 초소'에 가서 감시원 노릇도 한다. 불이 잘 나는 봄과 늦가을엔 한 달 이상을 2,3일에 한 번씩 산에 가서 산다. 그러니 보통 사람보다 산을 얼마나 잘 알 것인가? 혜주도 아빠를 닮아서 산을 좋아하는 모양이다. 숨소리 한 번 거칠어지지 않고 산을 잘도 올라간다.

능선에 올라서 한 숨 돌리고, 사방을 둘러보는데, 군데군데 똥무더기가 보인다. 햇볕을 받아 똥은 아주 깜장색으로 변해 있다. 똥무더기 둘레엔 하얀 휴지가 수북이 쌓여 있다.

"우엑, 드러워!"

아이들이 소리를 지른다.

"군인들이 싼 거야."

소희가 말했다. 능선 곳곳에 군인들의 흔적이 보인다. 구겨진 담뱃갑. 초콜릿 봉지. 참호를 파놓고 쌓은 모래주머니. 그 모래주머니는 분명히 가지고 가야 할 것인데, 버리고 갔다. 어느 게으른 병사였나보다. 능선을 오르는데, 군인들이 버리고 간 손난로가 꽤 많이 보인다. 버리고 간 쓰레기가 보일 때마다 "나쁜 군인들!" 하고 아이들의 불평이 터져나온다.

능선을 타고 가는 오솔길 양 옆으로 망울 맺힌 진달래와 철쭉이 많았다. 처음엔 철쭉과 진달래의 구분이 잘 안되었다. 진달랠까? 철쭉일까? 고개를 갸웃하며 올라가는데, 마침 진달래 몇 송이가 펴 있는 것을 보았다. 아주 완전히 꽃잎이 벌어진 것은 아니고, 약 팔구 할 정도 펴진 꽃이었다. 한 가지에서도 어떤 것은 거의 다 벌어지고 어떤 것은 막 연두빛 망울을 뚫고 연분홍 꽃잎이 살짝 보이는 것도 있었다. 꽃을 보고 나니 진달래와 철쭉이 확실하게 구분이 되었다. 진달래는 철쭉보다 꽃망울이 훨씬 컸다. 색깔도 철쭉보다 연했다. 철쭉은 좀더 갈색에 가깝고 망울도 단단해 보였다. 아마 꽃잎이 나올 날이 아직 많이 남아서 그럴 것이다.

갓 벌어진 진달래 꽃잎 옆에서 아이들 사진을 찍었다. 승용이와 태성이는 자꾸만 여자 아이들 뒤로 얼굴을 숨겼다. 다리가 아프다, 귀찮다, 하면서 양손에 지팡이를 들고 늙은이처럼 산길을 오르던 두 녀석이다. 그래도 태성이와 승용이는 내려오는 길에 멀리 검은 산자락 위로 피어오르는 뭉게구름을 보고는 좋아라했다. 두 녀석은 나에게 구름사진을 찍으라고 떼를 썼다.

거의 한 시간이 흘러갔으므로, 꼭대기 산불 감시 초소에 가는 건 다음으로 미루기로 하였다. 내려오려는데, 꼭대기 쪽에서 늑대 울음 소리가 났다.

"아우~ 아울!"

아이들이 귀 기울여 들어보더니

"어떤 아저씨들이예요."한다. 과연 좀 있으니까, 아저씨 둘이 내려온다. 학교 체육진흥회장이자, 하호리 이장인 주상이 아빠와 4학년 한영이 아빠다. 아이들이 반갑게 인사를 한다. 나도 반갑게 인사를 하고, 주상이 아빠가 갖고 있던 물을 얻어 마셨다.

두 아빠와 같이 비탈길을 내려왔다. 옛 암자 터 앞에 있는 연못으로 갔다. 벌써 개구리 올챙이가 깨어나서 까만 점으로 웅덩이 바닥을 뒤덮고 있다.

"이게 먹는 개구립니다."

한영이 아빠가 말했다.

"등짝은 까맣고 배때기는 누렇지요."

덧붙여 설명을 했다. 주상이 아빠가 작대기로 도롱뇽 알을 건졌다. 고리 모양인 도롱뇽 알은 고리 속으로 작대기를 집어넣으면 미끌거리기는 해도 쉽게 들어올릴 수 있다.

"이게 도롱뇽 알인가요? 형님?"

주상이 아빠가 묻고 한영이 아빠가 고개를 끄덕였다. 주상이 아빠는 사십 년을 이곳에 살았으면서도 도롱뇽 알을 몰랐다는 것인데, 그건 결국 '관심'의 차이가 아닌가 그런 생각을 잠깐 했다. 나도 열아홉 살까지 시골에서 살았으나 변변히 아는 풀이름조차 없었다. 다만 '소가 먹는 풀과 먹지 않는 풀'로만 구분했을 뿐이다. 소꼴은 날마다 베러 다녔으니까.

주상이 아빠의 관심은 다른 곳에 있었다. 암자 터에 관한 이야기를 자세히 들을 수 있었다. 원래 삼십여 년 전에 맹인이 이곳에 살았다고 한다.

"맹인이니, 밤이나 낮이나 똑같았겠지요?" 하면서 주상이 아빠는 껄껄 웃는다. 부인과 자식이 있는 살림집은 산 아래 마을에 두고, 그 맹인은 이곳에 흙집을 하나 짓고 살았단다. 맹인이 어떻게 이 험한 산길을 오르내렸을까?

"호랑이가 길잡이를 했답니다."

"어떻게?"

"산 아래 살림집에 와서 저녁을 먹고 나면, 호랑이가 방문 앞에 와서 떡 버티고 앉아 있더랍니다. 그래, 이 맹인이 호랑이 꼬리를 잡으면 호랑이는 느릿느릿 산길을 걸어올라갔다는 거지요."

"…"

"본 사람은 하나도 없지만, 이야기가 그렇습니다. 맹인이 혼자서 산을 오르내린 건 사실이니까요."

주상이 아빠가 암자 터 뒤쪽 산봉우리를 가리켰다.

"저곳에 호랑이 굴이 있습니다. 아직 못 가보셨지요?"

"예."

"맞아요. 진짜 굴 같아요."

소희가 옆에서 거들었다. 나는 빠른 시일 안에 가보리라 마음 속으로 다짐을 하였다.

봄 바람이 시원했다. 숲을 이룬 조릿대를 스치는 바람이 으스스 소리를 내었다. 조릿대 숲 속에 그 맹인의 뒷간이 있었노라고 주상이 아빠가 말했다.

그런데 참으로 안타까운 일은, 샘물이 막힌 것이었다. 맹인이 흙집을 짓고 살면서 아무런 물 걱정 없이 살 수 있었던 것은 솟아나던 샘물이 있었던 까닭이었다. 그 샘물은 바로 지난해까지도 퐁퐁 솟아나 누구나

목을 축일 수 있었다. 그러나 지금은 샘이 말라 있다.

샘물은 산 꼭대기에서 암자 터까지, 흙 속으로 흘러오다가, 바로 암자 터 옆에서 밖으로 솟아나온 것이었다. 그런데 이태 전에 한 사람이 이곳에 나타났다. 맹인이 죽고, 흙집도 흔적 없이 산으로 돌아가고 스무 해만이었다. 차림은 승려 차림이나, 행동은 승려 같지 않았다고 주상이 아빠는 말했다. 그 사람 이야기가 나오자 한영이 아빠가

"땡초지, 땡초!" 하고 소리쳤다.

그 사람은 암자 터에 비닐하우스를 쳐놓고 사는 것 같더니, 어느 날 포크레인을 끌고 올라와서, 나무를 넘어뜨리고, 길을 넓히기 시작했다. 암자 터 옆으로, 샘물이 솟는 곳 위에 큰 돌을 쌓고, 집 지을 터를 만들었다. 그로부터 샘물은 1년만에 말라버렸다. 솟아나는 물의 양이 줄어들더니, 기어코 토사가 점점 차올라 샘물이 나던 구덩이가 아예 메워져 버린 것이었다. 수백 년 솟아나던 샘물이 단 한 해만에 말라버렸다. 수십수백 년 잘 자란 나무들도 포크레인 바가지가 찍어대자 맥 없이 넘어졌다. 흙집의 마루와 붙어 있었다는 느티나무도 지금 반은 죽고 반만 살아 있다.

"그늘이 엄청 넓었는데, 저 꼴을 좀 봐요."

한쪽으로 기울어져 겨우 서 있는 나무를 보고 주상이 아빠가 말했다. 지금은 도롱뇽이 알을 낳고 있지만, 지난해에는 그 웅덩이도 누렇게 썩어 있었다고 한다. 한 인간이 얼마나 많은 것을 더럽히는지 잘 증명해준 보기였다. 물론 흙집을 짓고 몇십 년 살았던 맹인은 거의 산을 더럽히지 않았다고 하니, 사람이라고 다 더럽히는 건 아니지만.

동네에선, 처음에 승려가 온다고 하여 가만히 두었으나, 하는 짓이 영 마땅치 않아서 결국 '산림 훼손'으로 군청에 고발을 했고, 그 사람은 쫓겨났다고 한다. 그 사람이 떠난 지 한 해, 웅덩이는 다시 맑아지고, 도롱뇽이 알을 낳았다.

처참하게 파헤쳐진 암자 터와 말라버린 샘물을 보는 마음은 안타깝기 짝이 없지만, 그나마 다행이다.

"다시 샘물이 나올까요?"

"글쎄요…."

우리들은 샘물이 나오길 바라는 소원을 빌면서 산을 내려왔다.

봄비 감상

3월 21일 수요일 | 비가 온다.

비가 내린다
물큰 갯비린내 올라온다

백석의 시를 외워 쓴다고 써보았는데, 몇 글자 틀린 것도 같다.
　참나무와 솔과 여러 종류 나무들이 겨우내 떨군 갈잎 가득한 산에 비가 투득투득 소리내며 내린다. 교실 창으로 산등성이를 따라 오르는 비안개를 보고 서 있자니, 백석의 시가 또 한 편 생각난다. 어쩐 일인지 제목도 기억난다.

　산山 비

　산뽕잎에 빗방울 떨어진다
　멧비들기 난다
　자벌기가 고개를 들었다 멧비들기 켠을 본다

빗방울이 떨어지기 시작하자, 뽕나무에 앉았던 산비둘기가 날아오른다. 그 바람에 나뭇가지가 흔들리고 자벌레도 따라 몸이 흔들려 고개를 들었겠지. 아니면 산비둘기에게 먹히느냐 마느냐, 간발의 위기에 숨을 죽이고 있다가 비둘기가 날아가자 길게 숨을 내쉬고 고개를 들었을 수도 있다. 고개 들어 비둘기가 정말 가나 안 가나 바라봤을 수도 있으리라. 이런저런 생각을 다 버리고, 그냥 시의 분위가 좋지 않은가? 고요한 산, 그 속의 작은 오두막, 무심히 서서 바라보는 한 외로운 사람의 눈길, 눈길에 잡힌 빗방울, 비둘기, 자벌레, 그리고 흔들리는 나뭇가지…. 새가 앉았다 날아간 나뭇가지의 흔들림은, '말할 수 없는 그 무엇' 이라고 언젠가 아내가 말한 적이 있다.

봄비가 내리니
세상이 온통 잠든 듯하다
수요일 오후
선생님들은 모두 연수 나가시고
아이들도 모두 가버린 산 속 분교에
봄비가 내리니
학교도 교실에 앉은 나도
비안개에 묻어가며 그냥 산이 된다

모든 학교의 분교화!

3월 22일 목요일 | 온종일 흐리다.

점심 시간이 평화롭다. 전교생 서른아홉에 교직원 여덟, 어머니 한두 분까지 한꺼번에 다 앉아도 자리가 몇 개 남는다. 급식실 겸 다목적실 겸 행사실이 있어서 그렇다. 조리실이 있는 상급 학교에서 날라다주는 밥은 언제나 넉넉하다. 누구든 더 먹고 싶으면 마음대로 더 떠서 먹을 수 있다. 아이들과 교사가 서로 마주 앉아서 도란거리며 밥을 먹는다. 꼭 우리 담임 선생님, 우리 반 아이 하고 따질 필요도 없다. 모두가 담임 교사고 모두가 내가 맡은 아이들이다. 아이들과 교사들은 자기 밥을 다 먹었어도 앉아서 기다려준다. 도무지 급할 일이 없다.

우리 학교에 있다가 큰 학교로 전근을 가신 선생님이 말했다.

"전쟁터가 따로 없어. 먹은 밥이 체할 것 같아."

그 선생님은 2학년을 맡았다는데, 서른 몇 명이 교실에서 밥을 먹는다고 한다. 배식을 하고 밥을 먹다보면 여기저기서 사고가 터진단다. 국을 쏟는 녀석, 반찬을 흘리는 녀석, 먹기 싫다고 떼쓰는 녀석…. 밥을 먹다가 몇 번씩 일어나서 아이들을 봐줘야 한다. 점심 한 끼 먹고 나면 수업 두어 시간 하는 힘이 빠진다는 거다. 저학년은 그럴 것 같다는 생각도 든다. 그래서 그 선생님은 우리 학교가 너무 그립다고 했다.

"사람이, 사람 대접을 제대로 못 받는 것 같아. 인원 수가 많으면."

그렇겠다는 생각도 들었다. 한 사람의 교사가 잘 보살필 수 있는 아이들의 수는 스무 명이 넘으면 안 되는 것 같다. 서른, 마흔이 되면, 온종일 교사와 아이가 서로 말 한마디 나누지 못하고 헤어지는 경우도 있다. 이건 서로에게 불행한 일이다.

분교의 좋은 점은 또 있다. 학교의 대표적인 잡무인 '공문'이 없다는 사실. 이것은 교사를 교사이게 하는 기본 조건이다. 본교의 컴퓨터는 모두 업무 관련 폴더로 넘쳐난다. 교무실과 교실의 인터폰으로 나누는 대화는 대부분이 업무와 관련된 것이다. 회의나 짧은 시간에 나누는 교사들의 대화도 대부분 업무와 관련된 것이기 쉽다.

그러나 분교는 어떤가? 업무와 관련된 이야기는 아주 작은 부분이다. 대부분이 아이들 이야기다. 아이들의 특성에 대하여 이야기를 나누고, 어떻게 지도하면 효과적일까를 묻고 답한다. 컴퓨터는 수업 자료에 대한 정보로 가득하다. 분교의 교무실에 있는 컴퓨터에서도 '공문 양식'을 찾기가 쉽지 않다.

업무의 스트레스를 안고, 수업을 하는 교사. 과연 수업에 집중할 수 있을 것인가? 잡무가 없는 교사는 마음이 여유롭고 평화롭다. 교사가 여유롭고 평화로우면, 아이들을 바라보는 교사의 시선은 부드러워진다. 여유가 생긴다. 아이들을 사랑하고 싶어 참을 수가 없어진다. 교사가 오로지 아이들만 바라보고 살 수 있는 곳, 그곳이 분교다. 분교의 조건은 다음과 같다.

- 교장 교감 같은 통제형 관리자가 없을 것
- 일체 공문이 없을 것

더 많은 조건은 필요 없다. 딱 위의 두 가지 조건만 달성되면 충분하다. 물론 이러한 조건은 본교의 관리자와 행정실에서 학교 관리를 해 주기 때문에 가능한 일이긴 하다. 그러나 나는 꿈을 꾸어본다. 본·분교를 가리지 않고 우리 나라의 모든 학교가 분교와 같은 구조를 갖출 수는 없을까? 이를테면, 두세 개 학교를 묶어서 관리자를 두고, 공문이나 기타 업무를 담당하는 행정실을 둔다면 가능하지도 않을까? 그러자면 행정실의 인원이 대폭 늘어야 하겠지만, 그건 관리자의 숫자를 줄인다면 충분히 확보 가능하지 않을까?

점심 시간의 평화를 이야기하다가 생각이 여러 갈래로 새끼를 쳤다.

고맙습니다. 밀머리 선생님

3월 27일 화요일 | 흐린 날씨다. 안개가 자욱하다.

오늘 밀머리 예술학교에서 수업 지원을 나왔다. 앞으로 한 달에 두 번씩 7회에 걸쳐서 1회 4시간씩 수업을 함께할 예정이다. 4,5,6학년 스물두 명을 데리고 영화를 찍을 것이다. 밀머리에서 나오신 담당 선생님은 김광복이란 분으로 단편 영화를 두 편이나 찍은 경력이 있는 영화 감독님이다. 중고등학생들을 데리고 몇 번 해보신 경험은 있다는데 초등학생은 처음이라고 한다. 그런데 아이들과 첫 만남 자체를 즐겁게 잘 이끌었다.

칠판에 'ㄷㅂㅅㄱ'이라고 써 놓고 아이들에게 이게 무엇을 뜻하느냐고 물었다. 약 3,4초 흘렀을까? 5학년 병찬이가 소리쳤다.

"동방신기요!"

"잘했다. 너 이름이 뭐니?"

"임병찬이요."

"야, 너 머리 좋다."

슬쩍 추어주니까, 아이들이 또 문제를 내달라고 난리다. 그 선생님은 칠판에 또 썼다.

'ㄴㅅㄷㅅㅋ'

시간이 좀 걸렸다. 아이들이 선뜻 대답을 못한다. 그러자 선생님이
도움말을 준다.

"아빠들이 특히 좋아하시지."

"엄마들은 별로 안 좋아하시지."

"어린이들은 엄마보다 더 안 좋아하지요."

그러자 누가 소리쳤다.

"뉴스데스크!"

"맞다. 누구냐?"

또 병찬이었다. 여기저기서 우와! 하는 탄성이 터져나온다. 또 내달
라고 아이들이 난리다. 그래서 그 선생님은 한 번만 더 한다고 말하고
문제를 냈다.

'ㄱㅊㅇㅇㅎㅇㅋ'

아이들이 바로 답을 말하지 못한다. 좀 시간이 지나자 김광복 감독님
과 같이 온 두 여자 선생님들이 자기들끼리 속삭였다. '저것 맞추긴 쉽
지 않겠지?' 그때다.

"저요. 거침없이 하이킥이요."

"어? 정말이네."

"어? 진짜?"

아이들이 탄성을 지르고 소리 지른 주인공을 찾는데, 4학년 은결이
었다. 영화감독은 은결이를 대단하다고 추어준 다음,

"자, 그럼 이제 내 이름을 맞춰보세요." 하고는 칠판에 'ㄱㄱㅂ'이라

고 썼다. 기범이, 거봉이, 맨발의 기봉이… 여러 이름이 나왔으나 답을 맞추지 못하였다. 그러자 그 선생님은 몸짓으로 도움을 주었다. 두 팔을 높이 올리면서 "만세!" 하고 외친 것이다. 세 번을 거듭 그 동작을 했으나 아이들은 멀뚱멀뚱하다. 그래서 내가 끼어들어 도움을 주었다.

"애들아. 8월 15일을 생각해봐. 1945년 8월 15일 말이야."

그럴 즈음 누군가가

"아, 광복절, 광복! 김광복이요." 하고 이름을 맞췄다.

어쨌든 이렇게 시작된 수업은 재미있게 진행되었다. 카메라 설치와 소개, 카메라의 작동 원리, 카메라 앞에 서서 하고 싶은 이야기를 해보기 등을 하고, 마지막으로 카메라로 촬영한 모습을 감상하는 것으로 4시간 수업을 마무리했다.

앞으로 모둠별로 스스로 시나리오를 만들고 영화를 제작하여 야영을 할 때 상영할 계획이다. 어려운 과정이 많겠지만, 하나하나 넘다보면 아이들에게 소중한 경험이 되리라고 본다. 네 시간 동안을 한시도 떨어지지 않고 아이들과 함께 공부를 해준 김광복 감독님을 비롯하여 밀머리의 세 분 선생님이 참으로 고맙다. 그분들은 아이들을 대하는 모습이 너무나 따뜻하고 부드러웠다.

전교 어린이회의

3월 29일 목요일 | 흐렸다가 해가 났다가 한다. 바람 끝이 쌀쌀하다.

첫째 시간 시작하기 전에 전교 어린이회의를 했다. 1학년부터 6학년까지 서른아홉 명이 모두 모였다.

어제 수업이 끝난 뒤에 아이들끼리 다툼이 있었다. 나무 작대기를 갖고 칼싸움, 총싸움을 하고 놀던 중 서로 감정이 상했는지 지성이가 굵은 나무로 수빈이 머리를 때렸다. 5학년 수빈이 머리엔 커다란 혹이 생겼고, 4학년 지성이는 손에서 피가 약간 났다.

욕하거나 서로의 몸에 폭력을 가하는 일은 정말 없어야 한다. 서로에게 폭력을 쓰지 않는 것이 우리 학교의 전통이라고, 물론 전통이 만들어진 지는 3년 남짓이지만, 누구나 자랑스러워하고 있다. 새 학년이 시작한지도 한 달이 되어가고, 마침 좋지 않은 일도 생겨서 전교 어린이회의를 열게 된 것이다.

전교 회장인 소희의 사회로 회의가 진행되었다. 논의 사항은 딱 두 가지다. 〈학교 생활에 불편한 점〉과 〈앞으로 우리의 학교 생활〉. 주로 아래 학년 아이들이 의견을 많이 냈다. 4, 5학년이 가장 의견이 많았고, 간간이 3학년과 1학년의 의견도 있었다. 6학년들은 거의 말이 없었다.

나온 의견은 다음과 같다.

〈학교 생활에 불편한 점〉

1. 급식 먹을 때 시끄럽다.
2. 민속놀이 시간에 6학년 언니가 너무 거칠게 한다. 그래서 상처가
   난다. 그러므로 살살했으면 좋겠다.(3학년 민지의 말)
3. 말을 씹는다. 그러므로 말을 무시하지 않았으면 좋겠다.
4. 말 좀 하게 해주세요. 내가 무슨 말을 하면 언니가(6학년 소라) "됐거
   든?" 해요.
5. 나무 가지고 장난을 치지 말자. 수빈이 혹 났어요.
6. 계단에서 장난치거나 빨리 내려가기를 하지 않았으면 좋겠다.
7. 급식실에서 나갈 때 뒷사람을 생각하여 문 쾅 닫기 삼가하자.
8. 화장실에서 오줌 쌀 때 장난을(뒤에서) 하지 말자.(남자)
9. 화장실에서 난로나 변기 위에 올라가지 않았으면 좋겠다.(여자)
10. 화장실에서 문 갖고 장난치기 삼가하자.
11. 군것질을 하지 말자.(1학년)
12. 남의 교실에 허락 없이 들락거리지 말자.

〈앞으로의 학교 생활〉

1. 급식 식판을 잘 놓자.
2. 말 무시하지 말자.
3. 계단 내려갈 때 장난치지 말자.

4. 잘 모르면서 알았다거나 됐다고 무시하지 말자.

5. 서로 욕하지 말고 싸우지 말자.(1학년들끼리)

6. 선배에게 까불지 말자.

7. 다른 사람을 놀리거나 별명 갖고 장난치지 말자.

8. 동효(4학년)가 3학년 교실에 와서 리나랑 민지를 놀리지 말자.

9. 따돌리지 말자.

10. 나무 작대기를 가지고 거칠게 놀지 말자.

이 내용은 회의를 하면서 서기가 B4종이에다가 바로 쓴 것이다. 이 것을 회의가 끝나자마자 복사를 해서 각 교실에 붙여놓고 아이들이 늘 보게 했다. 서기가 간략하게 간추린 내용은 이렇지만, 회의 내내 아이들이 주고받은 이야기는 참 재미있다. 특히 저학년 아이들이 언니들에게 불만을 말할 때는 긴장하여 발갛게 물든 얼굴이 참 볼 만했다. 또 저학년의 입에서 나쁜 쪽으로 두어 번 이름이 나온 소라는 눈물을 글썽이기도 했다. 아이들은 서로가 정확하게 문제점을 지적했고, 수긍했고, 고치기로 약속을 했다.

교실에 와서 내가 아이들에게 물어보았다.

"나무 작대기로 사람 머리를 때린 적은 첨이라며?"

"맞아요."

"왜 그런 일이 일어났을까?"

"…."

아이들이 얼른 대답이 없길래, 내가 말했다.

"혹시, 군대가 왔다 가서가 아닐까?"

"아! 맞아요."

"진짜. 군대 때문이예요."

3월 초에 중대병력이 넘는 군대가 와서, 한 보름 동안 학교와 뒷산을 모두 장악하여 진을 치고 훈련을 했다. 운동장 한쪽에 군막을 치고, 교문도 막아놓고 두 명의 위병이 보초를 섰다. 뒷산은 온통 참호로 뒤덮였었다. 군인들이 손에손에 총을 들고 산을 오르내리고 학교 주변을 어슬렁거리니 남자 아이들에겐 그게 재미있어 보였을 것이다. 아이들은 곳곳에 비밀기지를 만들고 나무 작대기를 들고 다니며 놀았다. 군대가 철수한 뒤에도 그 놀이는 계속되었고, 결국 수빈이 머리에 혹이 나는 사건이 생긴 것이다. 우리 반 아이들은 나무 작대기 놀이가 군인들 탓이라고 다들 확신을 하는 눈치였다.

"군대 못 오게 해요."

승비와 혜주가 합창을 하였다.

"글쎄. 어떡하면 좋을까?"

나는 얼버무리고 넘어갔다. 아이들 눈에 보이는 것이 얼마나 중요한가를 새삼 느낀 하루였다.

감자 심기

4월 4일 수요일 | 맑다.

1학년부터 6학년까지 전교생이 풍물을 한다. 오후 1시부터 3시까지 2시간 동안 한다. 장구, 북, 꽹과리, 징이 울린다. 1학년은 오늘은 구경이다. 2학년은 작년에 좀 했다고 어깨를 들썩인다. 4학년 이상 아이들 관심은 누가 상쇠를 맡느냐다. 다들 소희가 맡지 않겠느냐고 전망들을 한다. 물론 선생님이 바뀌었으니, 바뀐 선생님이 몇 번 지켜보다가 정하실 테지만.

재미있는 일은, 1학년 아이들이 캐스터네츠를 들고 나온 것이다. 점심을 먹고나자마자 1학년 아이들 몇이 캐스터네츠를 짝짝거리면서

"선생님, 우리는 이것 갖고 가면 돼요?" 하고 물었다는 거다. 2학년 이상은 작년에 치던 악기가 있다고, 다들 들고 나와서 뚱땅거리는데, 자기들은 없으니까, 딱딱 소리나는 타악기를 들고 나온 게 그거였다. 선생님들은 다들 웃었다.

한참 풍물을 치고 있을 때 광호 아빠가 트랙터를 몰고 왔다. 오는 토요일에 재량활동으로 전교생이 감자 심기를 하는데, 밭 장만을 해주기 위해서다. 지난해에 심었던 작물들과 비닐, 말뚝 같은 것을 걷어내는

밭 설거지를 먼저 했다. 비닐은 언제 봐도 마음에 좀 걸린다. 아무리 잘 걷어도 땅 속으로 꽤 많이 묻히는 까닭이다. 땅 속에 묻히면 썩지 않고 오히려 점점 더 반짝일 텐데. 비닐이 막고 있는 곳은 땅 기운이 위로 올라올 수 없다. 비닐을 깔지 않을 경우, 정말 풀을 자주 매야 한다. 밭의 긴 골은 끝까지 풀을 매 나가서 돌아 보면 다시 풀이 자라나 있다는 말이 있다. 그만큼 풀은 하루가 다르게 쑥쑥 자란다. 곡식을 심을 때는 재미가 있지만, 김을 매는 일은 온몸이 아픈 중노동이다. 다리와 팔이 저리고, 허리는 끊어질 듯 아프다. 그래서 결국 환경에 좋지 않은 영향을 끼치는지 알면서도 비닐을 깔고 만다. 비닐을 깔아도 자주 풀을 매주지 않으면 고랑에는 들어서지 못할 정도로 풀이 가득 자란다. 더구나 산과 맞닿아 있는 밭이라, 뱀이 자주 드나든다. 풀이 짙으면 뱀은 더 많이 온다.

올해는 과연 얼마나 풀을 자주 매고, 감자며 채소를 제대로 거두어들일 수 있을지 궁금해진다. 모둠별로 땅을 나누어주고 감자와 채소를 심게 하여, 책임지고 가꾸게 한다. 책임이 있으니 좀더 잘 할 수 있으리라 기대는 해보지만, 그게 말처럼 쉽지만은 않다. 곡식을 자식 여기듯 하는 옛날 농부의 마음도 아니고, 그저 체험학습으로 하는 것이니, 큰 기대를 하기도 어렵다.

감자를 심으며, 새참으론 화전을 부쳐 먹기로 하였다. 밭 둑에 진달래가 만발했다. 찹쌀도 이미 방앗간에서 찧어다 놓았다. 아이들은 토요일을 기다린다. 내일 실과 시간에는 화전해 먹는 법과 감자 심기에 대해 미리 공부를 좀 해둬야겠다.

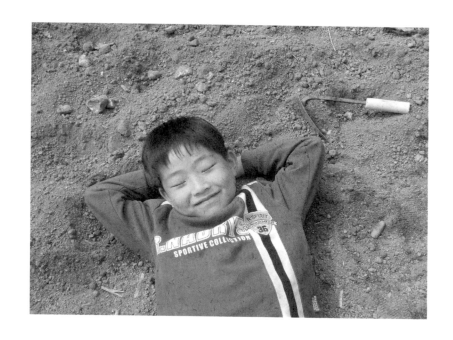

모둠별로 땅을 나누어주고 감자와 채소를 심게 했다.
곡식을 자식 여기듯 하는 옛날 농부의 마음도 아니고
그저 체험학습으로 하는 것이니, 큰 기대는 글쎄….

식물과 눈 맞추기

4월 5일 목요일 | 차갑기도 하고 따스하기도 하여 종잡을 수 없는 바람….

아이들과 식물을 심었다. 심고 싶은 것을 갖고 온 아이들도 있고, 갖고 오지 않은 아이들은 내가 갖고 온 허브 두 종류와 구절초를 심었다. 혜주는 두릅을, 승용이는 동백나무를 갖고 왔고 승비와 소희, 소라도 갖고 왔는데 모두 이름을 모른다. 이번주 안으로 이름도 알아내고, 여러 가지 습성도 공부하기로 했다.

"만약에 식물이 죽는다면 곧바로 그 화분은 퇴출이다." 하고 얘기했더니 아이들이 바짝 관심을 갖는다.

학교에 화분도 많고, 모종삽도 충분하며, 조개껍데기며, 부엽토도 충분히 쌓여 있다. 여러 가지 도구며 화분에 들어갈 것들이 넉넉하니 아주 즐겁게 작업을 했다. 아이들은 자기들 화분을 깨끗하게 씻고, 물받이도 하얗게 윤이 나도록 뽀드득뽀드득 닦았다. 나는 감자 두 쪽을 한 화분에 심었다. 감자 눈이 제대로 틔어서 하얀 감자꽃을 볼 수 있으면 좋겠다. 아이들이 심은 식물들이 다 잘 자랄 수 있으면 좋겠다.

"식물은 들여다 보기만 해도 잘 자란다는 말이 있다." 하고 내가 말했더니 "정말요? 보기만 해두요?" 승용이가 눈을 동그랗게 뜨고 묻는다.

"임마, 설마 그렇기야 하겠어? 들여다 본다는 건 관심이고, 관심이 있으면 돌봐준다는 뜻이겠지. 잡초를 뽑아준다거나, 물을 때 맞춰 잘 준다거나, 뭐 그런 것."

"아, 알아요."

녀석이 낄낄거리며 웃는다.

쉬는 시간마다 아이들은 화분을 들여다 본다. 바깥에 지천으로 널린 게 식물이지만, 자기 손으로 심어놓으니 더 애착이 가는 모양들이다.

할미꽃

4월 9일 월요일 | 날이 좋다. 뒷산에 진달래가 흐드러진다.

오늘은 아이들과 전래동요에 대해 나눈 이야기를 적어본다.

앞 이야기

아이들과 1주일간 시맛보기를 하였다. 봄이 되어 여러 꽃이 피기도 해서, 시는 전래동요인 〈할미꽃〉을 골랐다. 1주일간 교실 뒤편 시맛보기 판에 붙여 놓고 감상을 하게 했다. 아이들이 들며 나며 보고, 자유롭게 자기 생각도 쓰고 그 형식을 흉내내서 노랫가락을 써보면 좋겠다고 하였다. 아래 글은 아이들의 생각과 아이들이 만든 노랫가락이다.

맛본 시(전래동요)

2007년 4월 2일~9일까지 〈시맛보기〉

할미꽃 서울 지방 전래동요

뒷동산의 할미꽃은

늙으나 젊으나

꼬부라졌네

아이들의 느낌과 아이들이 만든 노랫말

김태성_ 생각1– 할미꽃의 재미있는 부분은 늙으나 젊으나 꼬부라졌
다고 하니까 이름부터 할미꽃이다. 할미꽃은 애늙은이다. 생각2– 할미
꽃은 늙으나 젊으나 언제나 머리가 꼬부라졌으니까 어릴 때도 생각이
깊고 마음도 넓다고 나는 생각한다. 그래서, 느낌은 나의 '생각2'에서,
나도 할미꽃과 같아져야겠다는 것. 딱 한 가지 빼고–꼬부라지는 것….
그리고 서울 아이들이 알고 있는 동요가 이것 뿐일까?

가방

등에 있는 가방은

새 거나 헌 거나

쓸모가 있네

아버지

나를 길러주신 아버지는

젊으시나 늙으시나

인자하시네

부정부패 의원

부정부패 의원들은
늙으나 젊으나
다 썩었네

부정부패 의원들은
늙으나 젊으나
싸가지가 없네

한민족

한민족의 산들은
크나 작으나
웅대하고 멋있다

임승비_ 깔끔해서 좋다. 그치만 좀더 느낌을 썼다면 좋을 것 같다.

태극기

우리 나라 태극기는
새 거나 헌 거나
여러 사람을 떠올리게 한다

철새

우리 나라에 오는 철새는
춥거나 덥거나
때를 잘 지킨다

이승용_ 할미꽃이라고 하니까 우리 외할머니랑 친할머니가 생각난다. 할머니의 그 꼬부라진 허리, 손주와 아들들을 위해 일을 해서 허리가 꼬부라진 할머니 그 은혜는 잊을 수가 없으니까! 할머니를 정성껏 모셔야지. 그리고 뒷동산이라고 해서 우리 학교의 뒷동산이 생각난다.

부모님

집에 있는 부모님은
나를 돌보던 안 돌보던
내 부모님이다

가방

내 옆에 꼭 붙어 있는 가방은
내가 잘 다루든 그냥 내 팽겨치든
내 옆에 붙어 있네

박광호_ 느낌은 없고, 노랫가락만 두 개 썼다.

축구

내가 좋아하는 축구는
잘하든 못하든
나는 축구가 좋다

허브

내가 키우고 있는 허브는
물을 주나 안 주나
계속 자라네

정소라_ 별 느낌은 없고, 노랫가락만 두 개 쓴다.

지우개

내가 쓰는 지우개는
쓰거나 말거나
내 지우개다

연필

길쭉한 나의 연필은
깎거나 말거나
내 연필이다

김소희_ 아주 단순하지만 읽으면 읽을수록 더 끌리는 시이다.

새싹

뒷동산의 새싹은
보거나 안 보거나
자라고 있네

계절

뒷산의 나무들을
크거나 작거나
물들이고 있네

박혜주 _ 별 느낌은 없고, 노랫가락만 두 개 쓴다.

꽃다지

꽃다지는 사람들이
관심을 갖거나 말거나
이쁘게 자라네

놀이터

놀이터는 아이들이
있거나 없거나
언제나 그 자리에 있네

뒷 이야기

뜬금없이, 승용이 녀석이 나에게 〈할미꽃〉을 노래로 해보라고 하였다. 내가 "꼭 해야 돼?" 하니까, 다른 아이들이 다 한꺼번에 "예!" 하고 합창을 한다. 나는 할 수 없이 노래를 했다. 리듬이고 박자고 모두 입에 나오는 대로 불렀다. 다만, '뒷동산의/할미꽃은/늙으나/젊으나/꼬부라졌네'로 끊어서 노래했다. 내가 부르는 소리가 내 귀에도 그리 흥겹게 들리지 않았다.

역시 아이들은 "에이, 그게 뭐예요?" 하고 실망스럽게 말한다. 나는 얼른 대꾸하였다.

"원래가 그래. 전래동요는, 누구든 흥겹게 부르면 되는 거야. 그러면 그게 가락이 되는 거지. 누구든 자기 맘대로 부를 수 있다니까. 니들도 불러봐."

내 말에, 아이들이 더 이상 나의 노래를 갖고 시비를 하지 않았다. 그러나 소리내서 흥얼거리는 놈이 없었다. 난 그게 아쉬웠다. 그러나 좋은 걸 느꼈다. 승용이가 나에게 요구한 것처럼, 이것은 노래로 불러야 되지 않는가? 하고 자연스럽게 생각한다는 것. 재미있는 노랫말을 많이 주기만 한다면 아이들이 요즘 자기들의 생활에 맞는 노랫말로 바꾸어 부르며 놀지 않을까 하는 희망을 가져보았다.

전래동요를 찾아서

4월 11일 수요일 | 흐릿하다. 어쩐지 올 봄은 쾌청한 날이 드물다.

저녁 7시에 모임이 있다. 국어 교과에 관심이 있는 교사들이 모여서 이야기를 나누는 모임이다. 우리 집 사랑채인 '모두되고'에서 2주에 한 번 모인다. 오늘은 전래동요에 대한 이야기를 나누기로 했다. 이야기 주제는 두 가지인데 그 중 한 가지가 책 읽고 이야기 나누기다. 책은 홍양자 선생의 『전래동요를 찾아서』이다. 이 책에는 우리 전래동요를 어떻게 되살릴 것인가에 대한 저자의 탐구가 들어 있다. 내가 발제를 맡은 까닭에 책을 꼼꼼히 보았고, 음반도 아이들과 함께 들었다. 음반은 책 뒷표지에 붙어 있는 전래동요 시디를 활용했다. 이 시디는 홍양자 선생이 책에서 주장한 내용에 보기로 들었던 전래동요를 아이들이 부른 것이다. 아이들의 반응은 몹시 뜻밖이었다.

들려준 것 (12개)
금자동아 옥자동아, 잼잼, 떡해 먹자 부−엉, 후여 딱딱 새야, 해야 해야, 앞에 가면 양반, 질로질로 가다가, 꼬부랑 할머니, 자진강강술래, 꼬사리 끊자, 달넘세, 둥그렁댕.

아이들 반응

• 좋다는 반응

김태성_ 금자동아 옥자동아가 가장 재미있고, 꼬사리 끊자가 가장 재미가 없다. 전체적인 느낌은 좋은데, 그 까닭은 옛 풍이 느껴지면서도 가사가 꽤 괜찮은 것 같다. 하지만 성의 없이 부른 것 같아 살짝 호감도가 떨어진다. 성의 있게 부르면 노래가 더 재미있을 것 같다.

이승용_ 달넘세가 가장 재미있고, 잼잼이 가장 재미없다. 옛날 느낌이 나서 좋고 신나고 머리가 맑아져서 좋다.

• 그저 그런 반응

박혜주_ 자진강강술래가 가장 재미있는데, '뛰어보세 뛰어나보세' 강강술래에서 진짜 뛰는 느낌이 나고 신나서 그렇다. 달넘세는 너무 느리고 같은 말이 계속 반복되어서 지루하다. 그래서 싫다. 전체적인 느낌은 신나는 노래도 있고 느린 노래도 있는데 너무 느린 것이 많아서 싫다.

임승비_ 둥그렁댕은 말이 너무 재미있어서 가장 좋다. 달넘세는 내용이 계속 반복되어 지루하므로 가장 싫다. 전체적으론, 음이 너무 이상하고 비 맞은 중처럼 너무 중얼거린다. 그래서 별로 맘에 안 든다.

• 싫다는 반응

김소희_ 앞에 가면 양반은 재미있는 말투가 나와서 그런대로 괜찮은데 달넘세는 반복되고 지루해서 너무 싫다. 전체적으로 느리고 열불이

난다.

박광호_ 꼬부랑 할머니는 흥이 나고 아주 빨라서 재미있다. 전체적으론 지루하고 흥이 안 나고 재미가 없다. 선생님 짜증나니까 아까 그런 노래는 들려주지 마세요.

정소라_ 자진강강술래가 가장 재미있다. 그 밖엔 다 싫다. 음이 이상하고 싫고 가사도 맘에 안 든다. 선생님, 다시는 틀어주지 마세요.

나(장주식)의 생각

아이들이 전체적으로 좋아하지 않았다. 소희, 소라는 그저 그런 정도가 아니라, 몹시 싫어했다. 그런데 승용이는 또 굉장히 좋아했다. 들려주고 났을 때 승용이는 바로 콧노래로 '금자동아 옥자동아'를 흥얼거렸다. 그러나 옆 자리에 앉은 소라는 승용이 노랫소리에 비명을 지르면서 하지 말라고 했다. 이런 극과 극의 반응이 오는 까닭은 무엇일까?

마침 백창우가 작곡한 노래가 있어서 틀어주었다. '문제아'의 전주가 나갔을때, 아이들이 환호성을 질렀다. 특히 소라는 책상을 치면서 좋아했다. 그리고 곧바로 따라 불렀다. 아이들이 너무 좋아해서 문제아부터, 내 자지, 염소, 소낙비, 연필 순으로 더 들려주었다. 그런데 소낙비는 아이들이 별로 좋아하지 않았다.

홍양자의 전래동요와 백창우의 노래에 아이들의 반응이 달라도 너무 달랐다. 그 까닭이 무엇일까? 백창우의 노래는 감상을 할 수 있는 노래이고, 노래로서의 완성도가 있다. 그런데 홍양자의 시디는 놀이를 하면서 부르는 노래이므로 감상으로서는 의미가 없다. 따라서 홍양자의 시디는 놀이하면서 부르지 않는다면 거의 의미가 없는 것으로 보인다. 그런데 문제는 아이들이 이 시디에 있는 노래가 불려지는 놀이를 거의 모른다는 점이다.

우리 반 아이들이 6학년이어서 반응이 부정적인지도 모르겠다. 워낙 오랫동안 서양 음악에 길들여져 왔으므로, 우리 전래동요의 음악 리듬이 낯설어서 그런지도 모른다. 초등학교에 갓 들어온 1, 2학년에게 들려주고 반응을 들어보면 좋겠다. 중학생도 물론 반응을 들어보면 좋겠다. 이대로 전래동요의 맥은 끊어지는 것인가? 아니면 되살릴 길이 있을 것인지.

영어 교과

원어민 보조 교사인 '존슨(가명)' 선생이 1주일에 한 번씩 학교에 온다. 본교에서는 영어 교과 두 시간을 보조하고, 재량 수업을 한 시간씩 하지만, 우리 분교에는 1주일에 1시간 파견을 온다. 존슨은 매우 열심히 한다. 게으름을 피우거나, 시간을 지키지 않는 경우도 없다. 준비도 나름대로 공들여서 해오는 듯하다.

그런데 문제가 있다. 온전히 수업을 1시간 할 수 있는 능력은 물론 없고, 나와 의사 소통도 잘 되질 않으니 그저 답답할 노릇이다. 오늘 존슨이 준비해온 것은 계절과 관계 있는 그림을 그리는 것인데, 존슨이 칠판에 제시한 문제는 아래와 같다.

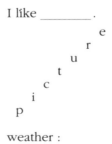

92

무슨 문제로 보이는가? 내가 금방 노래부르기(Let's sing)를 하고 나서, 존슨에게 준비한 자료를 내보라고 했더니 내놓은 것이 위의 것이다. 짧은 계절에 대한 문장을 쓰는 것으로 교과서에는 제시가 되어 있는데, 존슨은 좀 더 확장을 하고 싶었던 모양이다. 나름대로 고심한 흔적은 보였으나, 아이들은 존슨이 칠판에 제시하고 영어로 설명하는 말을 거의 알아듣지를 못하였다. 존슨이 한참 설명을 하고 있는데, 아이들은 주어진 종이에 위와 똑같이 영어로 쓰고 있었다. 아니 영어를 그리고 있었다.

할 수 없이 내가 "위의 밑줄 친 곳에 자기가 좋아하는 계절을 영어로 쓰고, 가운데에는 그 계절에 어울리는 그림을 그려라. 그리고 밑에는 날씨가 어떤지를 쓰면 된다."고 다시 설명을 해주었다. 존슨은 자신이 만들어온, 이 자료를 왜 아이들이 통 이해를 못하는지 어리둥절해하였다. 픽쳐라는 단어를 아이들이 전혀 모르고 있다는 사실을 존슨은 알지 못했다. 쉬운 단어지만 아이들이 모르고 있을 수도 있을 거라는 사실을 존슨은 알아야 했는데, 그러지를 못했던 것이다.

원어민과 한 시간을 지내고 나면 늘 아쉬움이 남는다. 아이들은 머리가 아프다고 한다. 원어민에 대한 호기심은 며칠이 지나면 사라지고 만다. 한 학교당 연간 5천만 원에 이르는 돈을 주면서 채용하는 원어민. 과연 그 돈만큼의 값어치가 있는 것인지 의문스럽다. 정말 이런 식으로 우리 아이들에게 언어 교육을 이어가야 하는 걸까?

영국의 식민지이던 시대에 인도의 간디는 말했다.

"외국어로 교육을 하지 말아야 한다. 학교에서 영어로 수업을 하는 것은 국민을 두 부류로 나누는 것이다. 영어를 하는 지식인과 모국어를 하는 민중으로. 이것은 우리 나라를 영원히 식민지로 만드는 길이다."

왜 우리 나라는 독립된 국가이면서도 온 나라가 영어 교육에 미쳐 있는 것일까? 오늘 인터넷 기사에 떴다. 중고생의 토플 응시 때문에 '토플 시험 대란'이 일어났단다. 지금 우리 나라의 영어 열풍을 보면 국민을 두 부류로 나누자는 것이 아니라 전 국민을 영어 사용자로 만들자는 것으로 보인다. 그렇게 되면 자연히 우리의 모국어는 사라지겠지. 모국어가 사라진 나라가 무엇으로 독립을 주장할 것이며 무엇으로 독자적인 문화를 꾸려나갈 것인가?

간디의 경구驚句가 새삼스럽다.

동물들의 '길 죽음'

4월 17일 화요일 | 햇살이 따뜻한 날이다.

마지막 시간이 도덕이었다. 아이들과 '생명'에 대하여 이야기를 나누었다. 하나뿐인 생명이 얼마나 소중한가 하는 이야기가 나왔는데, 승용이가 말했다.

"며칠 전 길 바닥에서 이따만한 개를 봤어요."

승용이는 두 팔을 잔뜩 벌려 보인다.

"맞아, 맞아. 나도 봤어."

"상호리에서 넘어 오는 길?"

아이들이 너도 나도 맞장구를 친다. 송아지만한 개가 차에 부딪쳐서 죽어 있다는 얘기였다. 내가 물었다.

"길 바닥에서 죽은 동물 많이 봤어?"

"예!"

아이들이 서로 다투어 자신이 본 동물들의 죽음을 이야기하였다. 고양이, 강아지, 고라니, 뱀, 새…. 이야기는 끝이 없었다. 혜주와 승비는 자기네 집 유리창에 와서 부딪쳐 죽은 새 이야기도 하였다. 소라는 자기네 집 비닐하우스에 날아 들어온 까치가 쇠기둥에 머리를 박고 죽었다는 이야기도 하였다. 며칠 전에 우리 학교 식당에 날아 들어와 벽에 부딪쳐서 기절한 딱새 이야기도 나왔다. 이야기는 끝없이 이어져 나왔다. 시간을 보니 마무리 시간까지 한 7,8분 남았다.

나는 아이들에게 종이 반쪽씩을 나누어주었다.

"지금까지 나온 이야기들에 대한 자신의 생각을 한번 써보자. 동물들의 '길 죽음'에 대한 이야기, 집에 날아 들어와 기절하거나 죽은 이야기. 시로 써도 좋고."

아이들은 금방 연필을 잡고 글을 쓴다. 한 5분쯤 지났을 때 승용이가 다 썼다고 내는 것을 시작으로 아이들은 곧 자기의 글을 다 냈다. 아이들의 글은 이렇다.

죽은 참새 박광호

작년에 할머니네 집 안에 있는 창고랑 비슷한 곳을 규석이 형이 막 뒤지더니 참새 시체를 발견해서 마당으로 던졌다. 그 참새를 보니 목이 부러져 있었다. 참새가 불쌍해서 묻어주고 싶었는데, 죽은 참새가 무섭고 징그러워서 못묻어 주었다. 죽은 참새에게 미안하다.

동물 학대 임승비

3학년 때였던가? 4학년 때였던가? 아무튼 햇빛 쨍쨍한 어느 여름 날 엄마와 엄마 친구들이 하는 캠프에서 하호 다리 앞으로 물놀이를 갔다. 신나게 물놀이를 하고 오던 길이었다. 내가 본 것은 목이 매달려 고통스럽게 발버둥치는 강아지 한 마리였다. 강아지는 다리 난간에 매달려 있었다.

나는 소리를 질렀다. 그러자 사람들이 몰려 왔다. 다른 사람들도 마찬가지로 소리를 질렀다. 다른 오빠들이 가서 풀어주었지만 곧 죽을 것 같았다. 그때 보신탕집 할아버지가 달려와서 막 소리를 질렀다.

"왜 남의 개를 함부로 만지고 그래!"

그 개는 할아버지가 죽이려고 매달아놓은 것이었다.

할아버지는 개를 가지고 갔지만, 나한테는 그 기억이 생생하게 남았다. 나는 그 날부터 다리를 지날 때마다 기도를 했다. 하늘 나라 가서 잘 살라고….

제목 없음 정소라

내가 1학년 때 일이었다. 우리 집에서 키우던 아롱이란 개가 있었다. 그 개는 '시추'인데 이모네가 주셨다. 근데 그 개를 할머니가 보신탕집에 팔았다. 개가 불쌍했다. 그래서 나는 나중에 커서 절대 개를 키우지 않아야겠다고 생각했다. 생각한 이유는 내가 그 개랑 정이 들면 개가 죽을 때 너무 불쌍하니까 절대로 키우지 않겠다고 생각했다.

고양이 시체 김태성

학교에서 집에 가는 길에
고양이 시체가 있었다

불쌍한 고양이는 죽은 것도 서러운데
아이들이 장난쳐서
창자가 몸 밖으로 나와 있었다

내가 치우려는데
"만지지 마!" 하고 같이 있던 어른들이 소리치셨다
나는 속으로
어른들은 '불쌍하지도 않나?' 하고 생각했다

불쌍한 고양이의 명복을…

요즘 시골 길을 달리다 보면 일명 '길 죽음'이 너무 많다. 야생 동물들이 다니는 길을 도로로 다 끊어놓아 그렇다. 집집마다 있는 넓은 창은 어떤가? 창 안에 산과 들과 하늘을 들여놓았으니, 새는 그저 산인 줄 알고 날아들 수밖에. 머리를 약하게 부딪치면 잠깐 기절했다가 날아가지만 세게 부딪치면 그 자리에서 죽는다. 세상 곳곳이 야생 동물에게는 '죽음의 덫'인 셈이다.

망각의 월요일

4월 23일 월요일
산 빛이 연두색이다. 갈색이 모두 사라졌다. 이제 하루하루 빛깔이 달라진다.

확실히 월요일엔 아이들이 조금 다르다. 나의 바로 전임으로 지금 내가 근무하는 교실에서 지난해에 아이들을 가르쳤던 아내가 언젠가 말한 적이 있다.

"월요일이 되면 도로아미타불이야."

"뭐가?"

"1주일 동안 아이들과 나눴던 모든 것의 거의 대부분이."

"그게 뭔 소리지?"

"나와 함께했던 여러 가지를 모두 까맣게 잊어 먹고 온단 말이지."

"글쎄, 그게 뭘까?"

"이를테면, 약속한 규칙 같은 거…, 아니, 중요한 건 그게 아니다. 말하자면 어떤 교감이 있었는데, 녀석들이 그걸 잊어버린단 말이야. 때론 배신감마저 느낀다니까. 완전히 새롭게 시작해야 할 것 같은 생각도 들고 말이지."

나는 그제서야, 조금 이해가 돼 고개를 끄덕였다.

정말 그렇다. 월요일 아침이면, 아이들은 어떤 경계에 서는 것 같다.

한 이틀 가정 생활에 푹 빠져 있다가, 학교라는 공간으로 이동할 때 느끼는 다소의 어색함이랄까, 뭐 그런 것. 놀토가 끼인 주는 더욱 그렇다.

그래서 월요일은 좀더 많이 너그러운 마음으로 아이들과 만나야 한다. 어색한 경계에 선 아이들이 맘과는 전혀 다른 행동을 보이기도 하기 때문이다. 더 수선스럽고 작은 규칙들을 어기고, 학습에 집중도가 떨어지고…. 이 모든 것들을 예쁘게 보아 넘겨야 한다. 일일이 참견하거나 꾸짖기라도 하면 한 주의 첫 시작을 자칫 망칠 수가 있다.

그렇게 본다면, 지난해에 아내가 했던 '차 마시기' 시간도 나름대로 의미가 있다. 열 명 안팎의 아이들이 월요일 아침, 교실에 둥그렇게 둘러앉는다. 감미로운 차를 마시며 가정에서 지낸 이야기를 나누는 시간. 차는 반드시 품격이 있는 차를 마셔야 한다. 한꺼번에 후루룩 마실 수 있는 차여서는 안된다. 다 마신 사람에게는 또 따라줄 수 있는 차. 그래서 아내가 선택한 차는 녹차이다. 녹차도 티백은 안된다. 좀 비싸더라도 통에 들은 좋은 차를 구입해야 한다. 그리고 아이들마다 자기 찻잔을 갖고, 교사는 다기를 온전히 갖추어 정담을 나눌 수 있는 시간을 마련해야 한다는 것. 이런 시간은 가정과 학교의 경계에 선 어색함을 누그러뜨려 주는 완충 역할을 충분히 할 것으로 보인다. 오늘처럼 월요일의 수선스러움이 계속되면 나도 '차 마시는 시간'를 고려해 보아야겠다.

물론 차 마시는 시간 같은 것도 큰 도시의 다인수 학급에서는 좀 어려운 점이 있을 것이다. 더구나 아침마다 아이들을 몰아대는 아침 학습 같은 것이 있는 학교라면, 관리자가 턱없이 눈을 부라리고 다니며 쓸데없는 참견을 하는 학교라면 거의 불가능할 것이다. 그런 곳에선 환경에 어울리는 뭔가를 찾아봐야 하리라.

이 어색한 경계는 월요일에만 있는 것이 아니다. 새로운 학기의 시작과, 새로운 학년의 시작에는 더욱 경계성이 심해진다. 환경의 변화에 대한 새로운 부담이 그 경계의 정체이다. 경계에 대한 부담이 심한 어떤 교사는 신경성 질병이 도지기도 한다. 일명 '개학 증후군'이다. 한 주의 시작은 '차 마시는 시간'으로 경계를 부드럽게 넘는다면, 한 학기나 한 해의 새로운 시작이 주는 부담스런 경계는 무엇으로 완화시킬 수 있을까?

책 · 어린이 · 어른

폴 아자르가 쓴 『책 · 어린이 · 어른』을 읽는다. 모임에서 함께 이야기할 책이다. 모임이 내일인데, 이제 책을 들고 읽기 시작했다. 예전에 읽은 적이 있으나, 아주 처음 잡아본 책처럼 생경하다. 이렇게 까맣게 잊을 수가 있다니.

〈영국의 전래동요〉라는 장에서 마음에 들어오는 구절이 있다.

"영국의 전래동요는 '최초에 리듬이 있다'는 진리를 뚜렷하게 구현하고 있다. 인생의 첫걸음을 내딛으려는 아기들에게 먼저 리듬을 불어넣음으로써 우주의 질서를 존중하는 정신을 길러주려는 것이다."(110쪽)

요즘 우리가 전래동요를 공부하고 있는 데 어떤 시사점을 준다. 계속해 띄엄띄엄 책을 읽는데, 이런 구절이 눈에 들어온다. 지은이가 〈동화, 아름다운 거울〉이라는 장에서 고대의 시, 고대의 상상력을 이야기하면서, 또 그 상상력으로 빚어진 동화를 지적하면서 이런 이야기를 한다.

"우주는 아직 이성의 법칙에 따라 체계가 잡혀 있지 않고 개인을 통해 모습을 드러낼 따름이다. 우주가 곧 각 개인인 것이다. 물질은 살아 있다. 모든 것이 현실적이며 또한 현실적이지 않다. 진실로 모든 것이 혼란스럽다. 그러나 어린 독자들은 여기에 놀라지 않고, 오히려 자연스럽게 받아들인다. 마치 그들 자신이 수만 년 전에 혼란스러웠던 세계를 거쳐온 것을 기억하기라도 하는 것처럼."

우리는 이런 이야기를 한다. 열 살까지 아이들은 판타지 속에 살고 있다고. 열 살까지 아이들은 현실과 환상을 거의 구분하지 않는다고. 수십 년을 날마다, 많은 아이들과 살아온 나는 그런 말에 동의한다. 아이들에겐 모든 물질이 살아 있다. 아이들에게 무생물이란 없다. 모든 물질은 말하며, 생각하며, 움직인다.

책 읽은 이야기를 하다보니, 오늘 새벽에 읽은 논어의 한 구절이 생각난다.

"시에서 감정이 생기며, 예에서 일어서며, 악에서 완성된다."
(子曰, 興於詩, 立於禮, 成於樂. 論語 泰伯篇)

이기동 선생은 이 구절을 이렇게 풀었다.

"여기서 시는 현대의 동요와 동시이다. 시를 가르치는 까닭은 감정을 순화시키기 위함이다. 예절은 남과 내가 하나로 융화되는 형식과 마음이다. 그러므로 예에서 진정한 사람으로 서게 되며, 그러한 즐거움은 음악으로 표현된다. 따라서 노래로 완성된다고 말한다."

이 이야기는 전래동요의 여러 기능을 잘 설명하고 있는 것처럼 보인다. 전래동요는 곧 놀이이다. 놀이를 하면서 자연스럽게 불리워진다. 그런데 놀이란, 대부분 남과 내가 어울려야 재미가 있다. 남과 내가 어울릴 때는 반드시 예절이 필요하다. 예절은 규칙으로 나타난다. 놀이와 노래, 거기에 시적인 즐거움을 주는 노랫말이 잘 조화되면 그보다 더 좋을 수가 없다. 놀이에 흠뻑 빠져 있는 아이의 얼굴을 본 적이 있는가? 그 무엇보다 행복하고 아름다운 그 얼굴을.

문화 답사

4월 26일 목요일 | 봄다운 날씨.

아이들과 문화 답사를 다녀왔다. 1학년부터 6학년까지 서른아홉 명 아이들과 교사 일곱 명이 다 갔다. 맨 먼저 파사성을 올라갔다. 대신면 천서리에 있는 파사성은 삼국시대에 세워진 산성이다. 고려 때 크게 보수를 하고, 임진왜란이 지나고 또 한 번 대대적으로 수리를 했다고 사적에 남아 있다. 그런데 고려와 조선 때 수리한 산성은 다 흘러내리고 무너져 흙무더기로 보인다. 산성 전체 길이 10리(약 4km) 길 중에 온전하게 모양이 남아 있는 부분이 어른 걸음으로 열 걸음 정도 되는데, 그것이 바로 삼국시대에 쌓은 부분이라 한다. 이백 년 된 곳도 무너지고, 오백 년 된 곳도 무너졌는데 천 년이 넘은 곳만 온전하게 남아 있으니 그 까닭을 짐작하기 쉽지가 않다.

아이들을 모아 놓고 이런저런 역사 이야기를 시도해보지만, 아이들의 관심은 다른 곳에 있다. 미끄럼 타기 좋은 잔디밭이나, 좀 위험해 보이는 무너진 석축을 타고 놀기 같은 것. 멀리 남한강을 내려다 보며 시원한 눈 맛을 한번 느껴보게 하고, 동서남북 방향과 우리 학교의 위치만 좀 확인한 다음 내려왔다. 내려오는 길에 길을 잘못 들어 고라니가

다녔음직한 오솔길로 멀리 돌아 내려왔다. 몇 번씩 파사성에 가족과 함께 올랐던 아이들은

"길이 틀려요!" 하면서 입을 내밀었지만, 나중엔 다들 좋아했다. 새로운 길은 아이들에게 새로운 놀잇감이 되는 모양이다. 습지도 있고, 개구리도 보고, 찔레순도 있는 길을 내려오면서, 좀 돌아서 온 길에 대한 아이들의 불만이 잦아들었다.

다음엔 황포돛배를 탔다. 여주군이 만들어 놓은 두 대의 황포돛배. 전국의 4대 나루 가운데, 조포와 이포라는 두 개의 큰 나루를 가지고 있던 여주. 영동과 영서, 충청 북부 지역의 물산을 운반하던 물길의 중심지였던 여주의 상징이 황포돛배다. 뜻밖에도 아이들 가운데 황포돛배를 타본 아이들은 열 명이 채 되지 않았다. 등잔 밑이 어둡다는 말이 맞다. 황포돛배를 처음 본다는 아이들도 많았다.

사십여 분 돛배를 타고 점심을 먹었다. 점심을 먹는데, 쿵짝쿵짝 음악 소리가 시끄럽게 들리더니, 한 떼의 아이들이 먼지 구름을 일으키며 강변으로 들어왔다. 외지의 큰 학교에서 소풍 온 아이들이었다. 얼추 보아도 이백여 명은 되어 보인다. 마이크를 잡은 사람이 아이들을 다그쳤다.

"시간이 좀 바빠요. 밥을 빨리빨리 먹도록 합니다. 12시 40분까지 다 먹고 모이세요."

핸드폰으로 시간을 보니, 12시 12분이다. 마이크는 또 떠들었다.

"늦게 모이는 반은 놀이기구 안 태워줍니다. 황포돛배도 타야 하고, 조각공원도 둘러봐야 하고, 놀이기구도 타야 합니다. 명성황후 생가도

가야 하구요. 서두르세요."

금방 걸어온 아이들이 숨 돌릴 새도 없이 둘러앉아 밥을 먹는다. 밥을 먹자마자 교사들의 독려에 쫓겨 가방을 메고 마이크 아래로 모여든다. 우리 아이들은 너른 풀밭을 맘대로 뛰어 놀고 있는데. 우리들 중 누군가가 말했다.

"애들 체하겠다. 꼭 저래야 하나?"

"그러게 말이야."

온 강변을 찌렁찌렁 울리는 마이크 소리, 음악 소리에 마침내 우리도 쫓겨 일어났다. 아이들은 왜 벌써 가느냐고 한마디씩 한다. 그런 아이들을 데리고 명성황후 생가로 갔다. 기념관을 둘러보고, 생가도 둘러보았다. 그러나 아이들이 가장 많이 머물렀고 가장 좋아한 곳은 연못이었다. 기념관을 들어갔다가도 연못으로 뛰어가고, 생가를 돌아 나와서도 연못으로 뛰어갔다. 연못에는 비단잉어와 오리가 있었다. 아이들이 손뼉을 치거나 오라고 소리를 치면, 오리와 잉어들이 다가왔다. 아이들은 움직이지 않는 사진과 유물보다 살아 움직이는 잉어와 오리에 더 마음을 빼앗겼다.

문화 답사란, 지루해하는 아이들에게 얼마 만큼 재미있게 문화 이야기를 들려주느냐가 열쇠다. 그렇지 못하면 아이들에겐 지루하고 힘들기만 한 하루일 뿐이다.

점수 경쟁의 전쟁터

4월 30일 월요일
회색 구름이 낮게 깔렸다. 밤부터 비가 온다 한다. 그동안 봄 가뭄이 있었다.
어머니는 비를 많이 기다리셨다. 텃밭에 심은 감자가 싹이 더디 나온다고. 다행이다.
비 소식이 있어서.

4월의 마지막 날이다. 하호로 온 지 벌써 두 달이다. 아이들과 조금 익숙해진 것도 같다. 아내가 있던 학교라 부담이 있었고, 교육 과정도 나름대로 몇몇 특별한 부분이 있어서 더욱 마음에 짐이 있었다. 학교의 체육진흥회장을 맡고 있는 주상이 아빠는

"선생님들 오셔서 잘할 수 있겠어요? 우리 학교는 좀 특별한데…."
하고 농담 반 진담 반으로 말하기도 하였다. 아내도 말하기를 "아이들 속으로 들어가기가 쉽지 않을 걸. 하호 아이들은 서로 꽉 짜여 있어서 새로 오는 교사는 이방인이지." 하면서 겁을 주기도 했다.

딴은 그렇기도 했다. 아이들은 전 학년 아이들이 서로 친형제처럼 지낸다. 모둠활동도 활발하고, 의남매를 맺기도 하고, 놀이도 학년 구분 없이 함께 논다. 그러나 아이들은 생각보다 너그러웠다. 낯선 이방인도 스스럼없이 받아들여주었다. 지금껏 두 달이 지났지만, 교사들 가운데 어느 누구도 아이들을 큰 소리로 혼내는 걸 본 적이 없다. 말로도 크게 혼내지를 않으니, 매를 들 까닭이 없다.

하호라고 개구쟁이가 없을까? 공부 못하는 아이가 없을까? 싸우는

아이가 없을까? 다 있다. 그러나 교사는 매를 든다거나, 큰 목소리로 꾸짖는다거나 할 필요가 없다. 아이들은 스스로 문제를 해결할 능력들을 갖추었다. 아이들이 그런 능력을 갖추게 된 것은 다름이 아니라, 아이들에게 보내는 교사들의 '믿음'이 있었기 때문이다. 그런 믿음을 교사들이 주기 시작한 것이 한 3,4년 된 듯하다. 그전에는 아이들이 욕도 거칠게 많이 하고, 툭하면 싸웠다고 한다. 모든 일에 의욕도 없었고.

큰 아이들은 작은 아이들을 잘 보살핀다. 작은 아이들의 말을 될 수 있으면 들어주려고 노력한다. 그러므로 작은 아이들은 큰 아이들을 신뢰하고 따른다. 믿음이 있는 곳에 평화가 있다는 걸 확인하는 순간이다.

믿음과 대화로 문제를 해결하는 곳에 경쟁을 도입하면 아이들은 몹시 괴로워한다. 오늘 사회 시간에 '골든벨'을 해보았다. 문제를 내고 틀리면 가차없이 떨어지는 게임이다. 마침 작년에 졸업한 아이들이 중학교 교복을 입고 찾아와서 함께하였다. 상길이, 현호가 직접 골든벨에 참여했고, 2학년인 현용이는 구경만 하고, 찬규와 우선이는 끝날 때 쯤에 왔다. 두 번의 패자부활전을 거쳐, 마지막으로 남은 아이들은 넷이었다. 중학생 상길이와 현호는 둘 다 살아남았고, 우리 반 아이는 태성이와 혜주가 남았다.

"자, 중학생 대 6학년의 대결이다!"

〈문제〉 조선시대에는 신분 제도가 있었다. 양반, 중인, 그리고 무엇 무엇일까?

중학생 현호가 떨어졌다. 상민만 쓰고 말았던 것. 현호는 씩씩 웃으면서 자리를 털고 일어섰다.

〈다시 문제〉 사회과탐구 55쪽엔 김홍도의 그림이 세 개 나온다. 그 그림의 제목을 두 가지만 써보자.

혜주가 악 하고 신음 소리를 내더니 고누 하나만 쓰고 말았다. 중학생 상길이는 길쌈과 논갈이를 써서 통과, 태성이는 고누와 논갈이를 써서 통과하였다. 이제 둘의 결승.

〈문제〉 훈민정음의 뜻을 써보자. 단, 교과서에 풀이된 대로 한 글자도 틀리면 안된다.

상길이가 머쓱해서 연필을 굴리고만 있다. 태성이는 죽죽 쓴다. 뒷전에 서서 구경하던 현용이가 태성이 머리를 쓰다듬으며 소리친다.
"야, 임마 이거 천재다. 천재."
태성이는 종이에 이렇게 썼다. '백성을 가르치는 바른 소리' 상길이는 정확하게 써내지 못했다. 결국 태성이의 우승.
태성이에게 미리 약속한 선물을 주는데, 승비를 비롯한 몇몇 아이들이 소리를 지른다.
"에이, 담부턴 골든벨 하지 마요."
가슴 떨리는 경쟁이 싫다는 신음 소리다. 더구나 뭔가 선물까지 걸어

놓고 하는 경쟁이라 더욱 싫은 듯하다. 아무래도 내가 실수를 한 듯하다. 아이들에게 어떤 상처를 주지 않았나 하여 마음 한 구석이 아리다.

그런데 어찌하나. 세상은 점점 경쟁으로만 치닫고 있으니. 나라 간에 무역 장벽을 없앤다는 FTA도 결국은 '무한 경쟁'의 다른 말이 아닌가? 학교 교육은 어떤가? 모든 경쟁의 집합소가 아닌가? 친구 사이의 우정보다는 점수 경쟁의 전쟁터! 오늘 우리 아이들의 신음 소리를 들으며 이리도 가슴이 아린데, 이 아이들이 앞으로 겪어야 할 경쟁의 세상을 생각하니 아찔할 뿐이다. 경쟁으로 자꾸만 내모는 우리의 교육법과 교육 제도들. 자립형 사립학교니, 특목고니 하는 것들과 썩어서 군둥내가 나는 사립학교의 운영.

그런데도 국회에서는 사립학교법을 재개정하려 한다. 학교 운영의 투명성을 보장할 수 있는 아주 작은 문 하나 만든 것-100퍼센트 족벌 이사회에 족벌이 아닌 객관적인 사람 한두 명 이사로 선임하겠다(개방형 이사제)는 것에 지나지 않는데도-을 결코 용납할 수 없다고 한다. 국민이 아니라, 사립학교의 족벌에게만 유리한 그 법을 국민의 대표라는 국회의원들이 모인 정당에서 재개정해주겠다는 것이다. 100퍼센터 족벌 이사회를 꾸릴 수 있는 종전의 법으로 말이다. 욕심보가 늘어진 볼과 위선으로 가득찬 듯한 그들의 눈을 보고 있자니, 이런 생각이 든다.

평화는 참 얼마나 멀고도 먼가. 아득한 하늘 저 켠 어느 별에서 꺼질 듯 반짝이는지 그 빛을 찾을 길이 없구나….

우리 옆집 새하늘 교회

나는 이 교회가

언제 생겼는지 모른다.

5년 전 내가 이사왔을 때 교회는 있었고

목사는 있는지 없는지 잘 모르겠지만 가끔 예배 소리가 나곤 했다.

정확하진 않은 듯한데 동네에서 얻어 들은 소문으론

처음 교회 세운 목사는 쫓겨났다고 한다.

작은 농촌 마을에 갑자기

절뚝절뚝 절름발이와 삐그덕삐그덕 휠체어 소리와

"어으~ 어으…"

몸이 뒤틀리고 발음이 제대로 안되는 사람들의 소리가

들려왔으니,

더구나 얼굴이 까무잡잡하고 이상한 말을 하는

동남안가 네팔인가 하는 곳에서 왔다는

사람들까지 왔다갔다 하는 바람에

그들을 데리고 온 목사는 동네 사람들에게 쫓겨났다는 것이다.

서향으로 지은 하얀 집과

뒷산 키 큰 소나무 높이만큼 솟은 십자가는 칡넝쿨에 감기고

십자가 철탑 밑 닭장엔 쥐똥만 쌓여갔다.

그리하여 내가 이사왔을 때엔

목사와 그들이 예배드리며 머물기도 하던

검은 덮개 씌운 비닐하우스만이

두 개씩이나 남아 우중충한 풍경을 보여주었다.

한 해가 지났을까? 새로 사람이 왔다.

서향으로 지은 하얀 집은 하늘에 치솟은 십자가 밑에 있고

남쪽으로 난 하얀 집 창문엔 밤이 되면 예수상이 틀림없을 그림자가

희미한 불빛에 보이곤 했다.

낮밤 없이 오랫동안 비닐하우스 속의 물건을 태우면서

마치 몽골 사람들 천막 같은 집을 지어

그 집 꼭대기에 불 들어오는 십자가를 세웠다.

불빛은 드문드문 보였지만 수요일과 일요일은 꼭 보였고

그날은 찬송가 소리와

기도 소리가 마이크를 타고 울려퍼졌다.

예배는 우는 소리와 흐느끼는 소리로 마무리되었다.

기도는 하얀 집에서도 안 보고 비닐하우스에서도 안 보고

꼭 몽골 사람들 천막에서 보았는데 내가 우연히 바라본 결과

목사는 배가 몹시 나온 뚱뚱한 사람이고

그 부인인 듯한 사람은 굉장한 말라깽이였고
아이는 딸만 둘인 듯했다.
수요일 일요일 예배는 그들 넷이서만 보는 게 틀림 없었다.
동네 사람 누구도 그들을 정확하게 알지 못했는데
오직 한 사람, 교회 앞집 할머니만이
목사임에 틀림없는 사람과 이야기를 나누어봤다고 한다.
이야기를 나누었다기보다는
좀 울지 말고 예배볼 수 없냐고 싸웠다고 했다.
그런데 재미있는 것은 그 할머니 남편이 큰 교회의 장로라는 사실인데
예배보는 것 가지고 싸웠다니 나는 뜻밖이었다.
그들은 두 해 정도 그렇게 살더니 미국인가 캐나다인가로
이민간다는 풍문을 남기고 떠나버렸다.

한 반년 새하늘 교회는 어둠과 침묵에 쌓여 있었는데
어느 날 갑자기 아연 활기를 띄기 시작했다.
예순 다섯 부부가 그곳에 나타났고
아저씨는 목사가 아니었다.
이장부터 만나서 인사하고 마을회관에 자주 나타났으며
마당을 정리하고 개장을 들여놓았고
집 뒤에 둘러선 수십 년 묵은 소나무 참나무를 베어내고
집 옆에 연못을 파고 미꾸라지를 풀어놓았다.
연못 둘레에는 검은 막을 치고 누런 글씨로

'미꾸라지로 건강을' 하고 비뚤비뚤 글씨를 썼다.

들리는 소문에

연못의 미꾸라지와 개장의 개들은 먹을 만큼 자라면

마을회관에서 끓일 계획이라고 했다.

동네 사람 발길이 십자가 밑 하얀 집 마당에 자주 드나들었고

마당에선 사람들 웃음 소리와

개 짖는 소리가 요란하였다.

나도 오다가다 우연히 목사 아닌 그 아저씨와 술 한 잔을 나누었는데

나는 말 한마디 할 새도 없이 장광설을 들어야 했다.

그 아저씨가 세계 여행한 이야기

미꾸라지와 보신탕이 좋다는 이야기를

그 아저씨의 거친 숨소리와 더불어 들었다.

나뿐 아니라 같이 술을 마시던 동네 사람 두엇도 말할

기회를 별로 얻지 못하였다 굉장한 정력가임에 틀림 없었다.

십자가 밑 새하늘 교회와 가까운 우리 사랑채에 누워 있으면

새하늘 교회 마당과 뒤란을 가득 채운 개장에 묶인

개들이 합창하는 소리를 언제나 들을 수 있다.

가끔 짜증이 나기도 하지만,

여름이 오면 가마솥에 들어가 부글부글 끓을

그들을 생각하면 목청껏 울고 싶을 때 울게라도 해줘야 하지 않을까

그런 생각을 하면서 참는다.

몇 년간에 걸쳐서 일어난 새하늘 교회의 소리들

절뚝발 소리 휠체어 소리 뇌성마비 아이의 어으어으 소리

배불뚝 목사 가족의 흐느끼는 예배 소리

낭자한 개 짖는 소리

이 모두를,

십자가 끝에 좌정하신 하느님은 어떻게 생각하고 계시는지

궁금하다. 그렇다고 물어볼 방법이 없고

그다지 물어볼 생각도 없기는 하다.

우리 동네 빵박씨

산책가는 길에 만난다.
새하늘 교회 뒷산
뒷산이라기보다는 좀 큰 언덕이랄 수 있는,
어쨌든 그 언덕바지를 돌아서다보면
언뜻 보기엔 헛간 같기도 하고
잿간 같기도 하고 창고 같기도 한 시멘트 블록 담에 슬레이트지붕을 인
집을 하나 만난다.
빵박씨 집이다.
얼핏 본다면 결코 사람이 살 것이라고 생각하기 힘든 그 집에
빵박씨는 혼자 살고 계신다.
일흔을 훌쩍 넘긴 나이에 구부정한 허리지만
자전거를 잘 타신다.
열다섯 살 난 아들 놈 친구, 우리 옆집 정근이네에 아침마다 들러
"아씨 지난밤에도 편안하신지요?"
정근이 할머니에게 문안을 드린다.

빵박씨는 아주아주 어릴 때부터 정근네 할아버지의 아버지 때부터
정근네 머슴을 사셨다. 그때 버릇으로
더 이상 머슴도 아니면서
나이가 한두 살 차이로 엇비슷한 정근네 할머니께
꼬박꼬박 아씨라고 부르신다.
정근네 아버지는
"저 분 장례는 할 수 없이 내 차지가 되었어."
말하고 정근네 어머니는 이른 새벽에 하루도 빠짐없이 나타나는
더 이상 머슴이 아닌 노인네를
별 싫은 기색 없이 맞이하여 아침을 대접한다.

둥글 넓적한 얼굴
보기만 해도 맘이 환해지는 웃음을 얼굴 가득 짓고 다니는 빵박씨는
보름달과 닮았다 가게에서 파는 보름달 빵과 닮았다.
그래서인가?
빵박씨가 가장 좋아하는 것이 빵이다.
젊은 날 한 때
머슴 새경을 몽땅 빵으로 바꾸어 드신 적이 있다 하는데
조금 과장이 되긴 했겠지만
빵박씨라는 이름을 이때 얻었다 한다.

하루에 서너 번씩 자전거로 마을을 돌아보시는데

한 해 한 해 검버섯이 늘어가는 얼굴
한 입씩 먹히어가는 보름달을 보는 듯하여 안타깝다.
해가 실풋한 겨울날 오후
산책가는 길에 빵박씨 집을 지나다 일부러 고개를 기웃하여 보았더니
손바닥만한 마당에 자전거가 비스듬히 세워져 있다.
"집에 계신가보군."
방쪽 창문을 쳐다보는데
유리창을 바깥에서 가린 비닐이 마침 불어온 바람에
파라락 날렸다.

하호 아이들의 여유

보통 보면 경기의 승패 때문에 질질 짜거나,
경기가 끝나고 나서 서로 얼굴 붉히는 경우가 많다.
그러나 우리 아이들은 그런 모습을 거의 보이지 않는다.
왜 그럴까?
아마도 언제나 놀 수 있는 시간과 공간이 있어서
마음이 여유롭기 때문이 아닐까?
아이들 노는 모습이 참 상쾌하다.

온종일 아이들과

5월 1일 화요일 | 비 조금, 흐림.

5월이다. 온종일아이들과 여섯 시간을 오롯이 함께했다. 학생들을 재편성하여 전담 교과로 운영하는 음악, 미술, 체육 같은 교과가 하나도 없는 날이기 때문이다. 자주 하는 체험학습도 오늘은 없었다.

수학 – 국어 – 사회 – 재량(컴퓨터) – 과학 – 도덕. 배합이 그리 재미있지 않다. 아이들이 한숨을 내쉴 만한 날이다. 수학은 쌓기나무를 가지고 놀고, 국어는 시 네 편, 앉은뱅이꽃(정세기), 엄마의 발(엄재희), 닮은 꼴(김은영), 인간성에 대한 반성문2(권정생)를 갖고 낭송하기를 했다. 사회는 조선 신분 사회에 대한 이야기를 하였다. 양반, 중인, 상민, 천민이 어떤 사람들인가? 날 때부터 정해지는 신분 제도는 어떤 문제가 있는가? 죽 이야기를 했더니 아이들이 흥분을 한다.

"그런 나쁜, 제도가!" 하면서 승용이가 소리를 지른다. 그렇다면 요즘에는 신분 제도가 없을까? 하고 내가 물었더니 아이들이 없단다. 내가 웃으면서 "돈 많은 재벌이 조선시대로 치면 '양반'이 아닐까?" 했더니 아이들이 맞다고 맞장구를 친다. 그러면서 돈 많으면 요즘은 양반이라고, 요즘 신문에 떠들썩한 어느 재벌이 술집 종업원을 권총으로 협박하고 쇠파이프로 때린 이야기를 한다.

재량 시간에는 인터넷에 글 올리기를 했다. 우리 반 카페에 글과 사진 올리기를 했다. 지난번 호랑이굴 탐사에서 찍은 사진을 올렸다. 세 개의 별, 소라고둥, 승비슬똥, 태성(광호꼽사리) 같은 사진 제목을 정하여 올리니 재미가 있었다. 인터넷에서 남이 만들어놓은 자료만 쓸 것이 아니라, 내가 자료를 만들어 올리는 것도 중요하다는 이야기를 했다. 물론 자료는 가치가 있는 것이 좋겠다는 말을 덧붙였다.

점심 먹고, 과학 시간에는 감각 기관을 공부했다. 아이들이 줄을 죽 서서, 감각 전달 놀이를 했다. 감각 기관(눈,귀,코,혀,피부) - 뇌(척수) - 운동 기관(손,발,목…)으로 나누어 놀이를 하니 꽤 즐거운 시간이 되었다. 어느새 시간이 지나고 마지막 도덕 시간이 되었다. 우리는 어떻게 하면 너그러운 마음을 갖고 다른 사람의 잘못이나 실수를 용서할 수 있을까? 내가 용서를 해준 경험과 내가 용서를 받은 경험을 이야기했다. 재미있는 이야기가 많이 나왔다. 승비는 결코, '용서를 한 적이 없다!'고 아이들이 입을 모았다. 승비도 고개를 끄덕이면서 동의를 나타내다가 "아니야, 병찬이는 용서를 한 적이 있어." 하고 말했다. 병찬이는 승비의 동생이다.

그런데 아이들 대부분이 대체로 기분이 좋을 때에는 어지간한 일을 다 용서한다고 말했고, 기분이 나쁘거나 짜증이 날 때는 남이 하는 아주 작은 실수도 용서를 안 한다고 말했다. 그런데 광호가 "난, 거의 다 용서하는데." 하고 혼잣말처럼 말하자 소라, 소희 같은 여자 아이들이 대번에 "맞아, 맞아. 광호는 다 용서해." 하고 말했다. 이것은 이미 광호가 아이들에게 절대로 화를 내지 않는 아이로 인정받고 있다는 증거이다.

오후 3시, 수업이 모두 끝났다. 아이들은 특기 적성을 하러 갔다. 미술부와 요리부. 나는 이제 좀 쉴 수 있지만, 아이들은 아직도 두 시간을 더 한다. 가르침도 배움도 끝이 없다. 이렇게 하루 해가 저물어간다.

어린이, 끊임없이 솟아나는 샘물

5월 2일 수요일 | 바람이 아주 시원하다. 참 좋은 계절, 좋은 날씨이다.

아침에 전교생이 밭 일을 했다. 감자를 심고 남은 텃밭에 고구마, 고추, 가지, 토마토, 오이를 모종으로 심었다. 어제까지 이틀 비가 내려서 흙이 물을 많이 머금고 있었다. 일을 하기는 불편했지만 물을 주지 않고도 모종을 심을 수 있어서 한결 수월했다.

해마다 일을 해봐서 그런지, 아이들은 불평도 없이 쉽게쉽게 일을 한다. 손이 많기도 했지만 꽤 넓은 밭인데, 일이 금방 끝났다. 2시간을 계획했으나 1시간에 일이 모두 끝났다. 지난번에 심어 이제 싹이 나오는 감자 밭까지 손을 보고 나서 다들 밭에서 나왔다.

점심을 먹고, 아이들은 풍물을 한다. 전교생이 다 참여하는 시간이다. 꽹과리, 장구, 북, 징, 저마다 자기 악기를 들고 운동장에 모두 모였다. 풍물 선생님과 함께 2시간 동안 운동장을 돌면서 풍물을 울린다. 저학년 아이들은 어깨가 아프다고 한다. 3학년 민지와 도희는 배가 아파서 풍물을 안 하고 싶다고 한다. 그래서 풍물 선생님에게 '선 반'은 어린 아이들에게 좀 힘들지 않겠느냐고, 그러니 '앉은 반'을 중심으로 하시는 게 어떻겠느냐고 담당 선생님이 말했더니 풍물 선생님은 "그거, 애들이 엄살부리는 거예요." 하고 대답했단다. 어쨌거나 활동량을 좀 조절하겠노라고 풍물 선생님이 의견을 받아들였단다. 딴은 녀석들의 행동이 좀 엄살 같아 보이기도 했다.

오후 2시 반에 풍물이 끝나고, 3학년 이상 아이들 가운데 일부는 또 축구를 한다. 군 내의 생활체육회 소속인 축구 지도자가 강사로 온다. 매우 젊은 사람인데 겸손하면서도 열정이 있다. 아이들을 지도할 때 보았는데, 짜임새가 있었다. 몸 풀기-기술 두세 개 익히기-양 편으로 나누어 축구하기-마무리 몸 풀기의 순서로 운영한다. 아이들이 참 좋아한다.

축구까지 다 하는 아이들은 오후 내내 운동장에서 사는 셈이다. 그래도 아이들은 힘이 넘친다. 어른 같으면 지쳐서 다음 날 온몸이 쑤시고 그럴 것이다. 그러나 축구부 아이들은 다음 날 아침 8시 20분에 또 공을 찬다. 4학년인 내 딸 은결이도 축구를 한다. 다음 날 학교에 오면서 피곤하지 않느냐고 물어보면 "뭐가?" 하고 이해할 수 없다는 표정으로 되묻는다.

정말 아이들은 끊임없이 솟아나는 샘물과 같다. 퐁퐁 솟는 샘물을 보거나 그 소리만 들어도 영혼이 맑아지는 것처럼, 아이들 옆에만 있어도 몸과 맘이 정화되는 듯하다.

운동장에서 아이들이 힘차게 웃어제끼는 소리가 들려온다.

우하하~, 아하하하~.

우리들 세상

5월 4일 금요일 | 조금 덥다. 아침부터 아이들 얼굴에 웃음꽃이 활짝 피었다.

어린이날 기념 행사를 했다. 먼저 2시간은 영화를 보았다. 식당 겸 강당으로 쓰는 다목적실에 빔이 설치되어 있어 화면이 작은 영화관만 하고, 얼마 전에 암막까지 설치하여 한결 분위기가 난다. '재미있고 감동있고 보고 나서 행복한 시간이었다'고 말할 수 있는 영화를 골랐다. 보고 나서 아이들에게 소감을 물어본 결과 애초에 가졌던 목적이 거의 달성되었음을 알았다. 물론 보는 과정에도 이미 알았다. 왜냐하면 100분이 넘는 시간인데도 지루해하는 아이들이 없었으며 더구나 1, 2학년조차도 몸을 뒤틀지 않았기 때문이다. 자주 웃음보가 터지고, 감탄의 소리도 나왔다.

임 선생이 입장권을 만들어 오고, 이미 만들어 두었던 우리 학교의 알뜰시장용 돈인 '하호지폐'를 200원씩 주었다. 영화관 입장료는 100원이다. 하호지폐 100원짜리 한 장을 내면 들꽃반 김미현 선생이 입장권을 준다. 입장권에는 행운번호가 적혀 있다. 영화가 끝난 다음에 3명을 추첨해서 동화책을 준다고 안내했다. 이미 동화책은 예쁘게 포장되어 있다.

나머지 100원은 영화관 들머리에 마련된 배식대에서 어머니들이 팝콘을 팔았다. 어머니 회장인 보나 어머니 외 여러 어머니들이 나오셔서 팝콘과 오징어포를 만들어주셨다. 입장권과 팝콘 같은 것은 간단한 준비였지만 아이들이 무척 즐거워하였다. 팝콘을 먹다가 목이 마를 것을 대비해서 어머니들이 식혜도 여러 병 준비해오셨다.

영화 상영이 끝나고, 어머니들이 준비해오신 떡과 과일을 먹었다. 어머니들이 여러모로 고생을 많이 하셨다. 몸으로 하는 고생뿐 아니라, 아이들에게 선물까지 했다. 모든 아이들에게 위 아래 한 벌로 체육복을 준비해주신 일이다. 칠부 바지와 반팔 옷으로 한 벌. 그뿐이 아니다. 학교 바로 옆에 있는 하호교회에서 목사님이 찬조로 티셔츠 한 개씩을 선물로 주셨다. 아이들은 하호교회에서 주신 티셔츠를 입기도 하고, 어머니들이 주신 옷을 한 벌 갖춰 입기도 하였다. 그야말로 "새 옷을 입고 뛰어보자 팔짝"이다.

떡과 수박과 방울토마토와 식혜를 먹고 운동장으로 모였다. 준비 체조를 한 다음에 개인달리기와 전체 이어달리기를 하였다. 달리기는 언제 봐도 박진감이 있다. 출발선이 가까워질수록 아이들은 긴장을 해서 오줌이 마렵다고 한다. 이상하게 잘 달리는 아이들이 더 그런다. 5학년 경만이와 6학년 광호는 기어코 화장실을 다녀왔다. 그리고 녀석들은 둘 다 개인달리기에서 1등을 하였다. 이를 악 물고, 얼굴 살을 흔들면서 달리는 아이들의 모습을 보고 있으면 활활 타오르는 불꽃 같은 생동감을 느낀다.

개인달리기가 끝나고 1학년부터 6학년까지 두 편으로 나누어 전체

이어달리기를 하였다. 이어달리기는 늘 가슴이 뛴다. 달리는 아이들이나 보는 관중이나 다 빠져드는 놀이이다. 열대여섯 분 오신 어머니와 아버지들도 소리를 지르고 박수를 치고 즐거워들 하셨다. 편을 나눌 때 약간의 착오가 있어서 한 편이 너무 앞서서 달렸다. 막판에 엎치락뒤치락하는 맛이 있어야 하는데 그렇지 못해 좀 아쉬웠다.

정리 체조를 하고 아이들은 각자 교실로 들어갔다. 교실에서 아이들은 또 기념품을 받았다. 학교에서 준비한 기념품은 약간 고급스런 '크로키북'이다. 그리고 개인달리기 순위에 따라 연필을 세 자루, 두 자루, 한 자루씩 나눠주었다. 배불리 먹고 재미있게 놀고, 선물도 많이 받은 어린이날 기념 행사였다. 큰 학교에 있다가 오신 오태현 선생님이 말했다.

"보통 학교에서는, 달리기 한 판 하고, 아이스크림이나 하나 먹으면 그만인디, 여그 아그들은 참 조아불구마이. 아주 특별 대우여 특별. 얼매나 좋을꼬?"

스승의 날

5월 14일 월요일 | 싱싱한 나무들은 하늘을 가릴 정도로 잎이 무성해졌다.

내일이 스승의 날이다. 애초에 학교장 재량휴업일로 학사 일정을 결정했는데, 도 교육청의 한마디에 등교일로 바뀠다. 학부모에게 공지까지 된 학사 일정인데도, 이렇게 손바닥 뒤집듯 바꿀 수 있는지 이해하기 어렵다.

도 교육청의 교육감인지, 부교육감인지는 모르나 중요한 위치에 있는 사람이 각 지역 교육장에게 전화를 한 모양이다. 학교운영위원회 자리에서 우리 학교 교장이 소개한 전화 내용에 따르면 "무엇 때문에 휴일을 합니까? 이미 학사 일정을 잡았다면 다소 어려운 점이 있을지 모르지만, 휴일 지정을 다시 한번 생각해보시기 바랍니다." 하는 말이었단다. 도 교육청의 이 전화 한 통화는 지역 교육청과 일선 학교를 호떡집에 불난 것처럼 만들었다. 교육장은 학교장들에게 전화를 돌렸고, 학교장들은 또 인근 학교들의 학교장들과 모여 의논을 했다고 한다. 그래서 어떤 지역은 학사 일정대로 휴일을 하기로 하기도 하고, 어떤 지역은 등교일로 바꾸기도 하고, 또 어떤 학교는 학교장이 교육장의 전화와 인근 학교 교장들의 등교일 합의에도 아랑곳하지 않고 애초대로 휴일을 고집하는 따위로 대응은 여러 종류였다.

이미 정해진 학사 일정에 따라 교육 과정을 운영하고 있는 일선 학교에 느닷없이 전화를 하는 교육청 사람이나, 그 전화를 받고 허둥지둥하는 일선의 관리자들 모습을 보면서 쓸쓸한 마음을 감추기 어렵다.

어쨌든 이런 과정을 거쳐서 우리 학교는 휴일로 했던 방침을 바꾸어 등교를 하게 되었다. 방학 일수와 수업 일수의 날짜 조정이 다 불가피하게 되었다. 물론 내일은 아이들에게 급식을 할 수도 없게 되었다. 우리 학교에 급식을 보내주는 학교는 애초 방침대로 휴일을 실시하기 때문이다. 갑자기 생각난 듯 불쑥 전화를 날린 도 교육청의 그 사람은 일선 학교의 여러 가지 혼란을 알고나 있을까?

아침에 아이들에게 말했다. "내일은 휴일을 하지 않기로 했다." 하고 말했더니 아이들이 대번에 "왜요?" 하고 묻는다. 특별히 대답할 말이 없어서, "선생님들에게 편지를 써야겠지?" 말했더니 아이들은 금방, "알았어요. 누구누구한테 써야 돼요?" 하고 묻는다. 그때 난 갑자기 생각나는 게 있어서 물었다.

"작년엔 너희들, 스승의 날 행사를 했지?"

그렇다고 대답한다. 그래서 내가 "올해도 준비를 해보자. 우리가 6학년이니까, 아무래도 우리가 준비를 해야겠다." 했더니 의논을 할 시간을 달란다. 나는 지체없이 의논 시간을 주었다. 일곱 놈이 앉아서 의논을 한다. 아이들이 의논을 한 결과는 이렇다.

스승의 날 행사 계획

1)스승의 날 노래 부르기 (반주 : 김소희, 지휘 : 정소라)

2) 편지와 꽃다발 드리기

　－학년별로 편지를 읽고 드릴 사람과 꽃다발 드릴 사람을 정한다.

"좋다. 쓸데없이 행사장을 꾸미지 마라. 다만 정성 가득한 마음으로 행사를 진행하기만 하면 된다. 물론 돈으로 사는 선물은 준비 안 하는 것이 좋겠다."

아이들은 쉬는 시간에 둘러앉아 색종이로 꽃을 만들기 시작했다. 아이들이 생각을 안 하고 있을 듯하여

"기사님과, 들꽃반(특수반) 선생님, 그리고 들꽃반 보조 선생님께 편지 읽을 사람과 꽃다발 드릴 사람을 미리 다 정해놓아야 한다." 말했더니, 그러겠다고 한다.

아이들과는 그렇게 말했지만, 다른 선생님들의 생각을 물어보아야 겠다. 다른 선생님들이 귀찮다면 이런 행사는 안 하는 것이 좋다. 스승의 날, 참으로 쓸쓸한 날이다. 사회와 학부모들이 또는 학생들이 교사를 사랑하거나 존경하지 않는 풍토에서, 굳이 '날'을 만들어놓고 뭔가를 하려 한다는 게 얼마나 우스운 일인가?

교사도 노동자인 만큼, '노동절'에 다른 노동자들과 마찬가지로 하루 쉬게 하면 좋겠다. 그리고 사회적으로 별 의미를 갖지 못하는 '스승의 날'은 폐지하는 것이 좋지 않겠는가? 자식 없는 어버이들이 맞는 '어버이날'은 어버이들의 슬픔만 돋굴 뿐이다. 사랑과 존경이 없는 제자들이 형식적으로 편지와 꽃다발을 주는 날, 괜히 학부모들이 부담을 갖는 그런 날은 이 땅의 많은 교사들을 당혹스럽게만 할 뿐이다.

성실한 사람들

비가 많이 내린다. 오랫동안 내리지 않아 봄 가뭄 걱정들을 했는데, 한번 내리기 시작하자 자꾸 온다. 지난주 수요일에도 천둥 번개를 동반한 비가 많이 내렸는데, 오늘도 수요일이다. 물 수水 자가 든 날이라 그런가. 한번 내리기 시작하면 아주 많이 온다. 이거 뭐야, 봄 장만가? 하는 말이 나올 만도 하다.

비가 내리기 직전에 컴퓨터실 정리를 끝내서 다행이다. 칠이 벗겨지고, 윗판이 너덜거리는 책상 5개를 100만 원을 들여서 바꿨다. 책상은 월요일에 왔지만, 여주컴퓨터 조 과장이 바쁜 바람에 오늘에야 정리를 했다. 조 과장은 참 성실한 사람이다. 여주 관내 2,30개 학교의 컴퓨터 위탁 관리를 하는데, 일을 하는 시간보다 전화를 받는 시간이 더 많지 않을까 염려가 될 정도로 전화로 부르는 사람이 많다. 학교마다 컴퓨터가 워낙 많고 또 컴퓨터는 자주 고장이 나는 놈이라, 손이 많이 간다. 교사들이 간단한 고장이야 손을 볼 수 있지만, 전문적인 것은 의뢰를 할 수밖에 없다.

몹시 바쁜 와중에도 조 과장은 한번도 얼굴을 찡그리는 법이 없다.

늘 웃는 얼굴로 "제가 처리해드리겠습니다." 하고 말한다. 오늘 우리 학교에서도 무거운 책상 5개 교체를 다 해주고, 컴퓨터실에 없던 텔레비전을 컴퓨터와 엔코더로 연결 설치하는 일까지 마쳤다. 깔끔하게 마무리를 하고, 조과장은 또 다른 학교로 달려갔다. "저렇게 일이 바쁘니 장가갈 시간이 없지." 하고 어떤 선생님이 말한 적이 있다. 안 가는 건지 못 가는 건지 알 수 없지만 조 과장은 서른일곱 노총각이다. 자상하고 따뜻한 마음씨를 가진 조 과장이 얼른 좋은 배필을 만났으면 하는 바람이다.

아이들은 점심 먹고 실내에서 풍물을 하고, 비가 내리는데도 특기 적성으로 축구를 한다. 운동장에서 수중 축구를 하는 게 아니고, 식당에서 축구 게임을 하고 노는 것이다. 축구 지도를 하러 오는 강사는 아이들에게 인기가 높다. 아이들이 축구를 좋아해서이기도 하지만, 이 강사분이 아이들과 잘 어울린다. 대충 꾀를 피우고 돈만 벌고 보자는 속셈이 아니라, 매우 성실하게 아이들과 논다. 언젠가 아침에 내가 "참 열심히 하시네요." 하고 말했더니 "뭘요. 애들이 잘 해줘요…, 열심히 하겠습니다." 하면서 공을 아이들에게 돌리고, 수줍게 웃었다. 어떤 일의 승패는 역시 그 일을 하는 사람의 마음가짐에 달렸다는 것을 새삼 알겠다. 축구 강사나 여주컴 조 과장을 보면서 든 생각이다.

5월의 시

5월 21일 월요일 | 맑음, 딱 좋은 기온.

아이들이 쓴 '5월의 시'를 기록해본다. 지난주 토요일, 그러니까 5월 18일에 뒷산 연못에 올라갔다. 날은 잔뜩 흐렸다. 햇살이 나뭇잎 사이로 비쳐들어 빛나는 초록을 보지 못하는 아쉬움은 컸지만, 흐린 날은 또 흐린 날대로 맛이 있다. 날이 흐린 탓이기도 하지만, 아침 9시 10분경이라, 이슬이 하나도 녹지 않아서 나도, 아이들도 바짓가랑이가 흠뻑 젖었다. 올라가는 길에 춤추듯 뱅뱅 돌면서 그네를 타는 자벌레를 많이 만났다. 줄을 늘이고 대롱거리는 거미도 만나고, 하늘소도 만났다. 큰 꽃으아리도 보고, 철 지난 철쭉 한 송이도 만났다. 내가 하나하나 묘사하기보다는 아이들 시를 읽어보자.

그네 박광호

자벌레가 그네를 탄다
거미도 탄다
바람이 불어 계속 탄다

나도 그네를 타면
기분이 상쾌해지겠다

맑은 연못 김태성

학교 뒷산 물 맑은 연못에
도롱뇽, 올챙이 떼를 지어 헤엄치네

맑은 물 위 소금쟁이
물 위를 달리다가
물 위에서 쉰다

연못은
도롱뇽, 올챙이, 소금쟁이의
고향

오동나무 김태성

숲 속의 키 큰 나무 오동나무
오동나무 꽃은 작은 종 같다

숲 속 아침 딸랑딸랑
오동나무 작은 종이

맑은 소리로
숲 속 아침 알려주네
작은 종 울리면
풀들이 노래하고
작은 종 딸랑이면
동물들 즐겁네
작은 종이 울리면
시원해지네

5월 올챙이 박혜주

연못에 가보니
3월 달에 갔을 때는
알이었던 것들이
올챙이가 되어 있다

올챙이들은 우리 학교 아이들보다
많다
우리 학교 아이들이 올챙이였으면
좋겠다

풀잎을 연못에 던져 넣으니
올챙이들이 와글와글

개미처럼 몰려든다

행복한 풀 숲 임승비

아직 이슬이 안 마른 어느 날
우리는 주봉산 연못가로 올라왔다
시를 쓰러 땅에 앉아보니
풀 숲을 헤치고 살살 나온다
한 마리 두 마리
내 눈에 점점 보이는 벌레들
숲 속은 혼자 있지 않고
친구들과 함께 있어
행복하겠다

떨어지는 나뭇잎 김소희

친구들이랑 걷다가
어느 순간 나뭇잎 하나가
아주 느린 속도로
휘~뤼~릭 휘~리~릭
떨어졌다

시를 쓰러 땅에 앉아보니
풀 숲을 헤치고 살살 나온다
한 마리 두 마리
내 눈에 점점 보이는 벌레들

내가 절망했을 때

떨어지는 내 마음과 같다

소라는 시를 쓰지 못했고, 승용이는 썼으나 별 의미가 없었다. 소라는 "마음 속으로만 느끼고 있으면 안돼요?" 하고 시를 쓸 수 없다고 난리를 치길래, 그러라고 했다. 하지만 "니 마음 속을 남이 어떻게 아냐? 잘못 오해를 하면 어떡하냐? 그래서 표현이 필요한 거지." 하고 한 마디 해주었다.

10시 반쯤 산을 내려왔다. 아이들 걸음은 자연스럽게 길목에 있는 텃밭으로 갔고, 서로 자기네 모둠 감자 싹이 크다고 다툰다. 시원한 5월의 바람이 머리카락을 흔들고 지나간다.

광호

6월 7일 목요일 | 흐림, 비 간간이.

다음 주나 그 다음 주부터 장마가 시작되리라 한다. 흐린 하늘을 내다보고 섰자니,

> 서울 도심 고가 다리 비둘기 집 처마 위에
> 횡단 보도에 멈춰 선 사람들 우산 위에
> 분주히 물건 걷는 노점상 좌판 위에
> 비는 내리고, 서울은 그렇게 장마권에 들고….

정태춘이 부른 노래 구절이 생각난다. 다시는 시청 앞 광장에서 물대포에 쓰러지지 말자고 외치던 1992년의 노래. 단조로우면서도 이상하게 사람의 마음을 붙들고 놓아주지 않는 마력을 지닌 리듬. 이제 겨우 열한 살인 딸, 은결이도 이 노래를 좋아한다. 같은 학교에 다니는 처지라, 출퇴근(등하교)을 함께하면서 노래를 같이 듣는다. 삼십 년 한 세대를 훌쩍 뛰어넘는 나이 차이에도 공감을 불러일으키는 노래. 나는 가사에 얽힌 시대와 음악의 리듬을 모두 즐기지만, 은결이는 오직 리듬만

즐기는 것이리라. 아니, 내가 모르는 은결이만의 가사 즐기기가 있을지도 모르지.

　우리 반에 광호라는 녀석이 있다. 녀석의 행동은 참으로 놀라운 구석이 있다. 지난번 수학 여행을 갔을 때다. 첫날 저녁 무렵 마지막 코스로 불국사에 갔다. 불국사 이곳저곳을 둘러보고 6시쯤 나오는 길이었다. 아이들이 줄을 맞춰 저만큼 내려가고, 우리 반 남자 애들 승용이, 태성이 광호와 내가 맨 뒤에 처졌다. 슬슬 길을 따라 내려가는데, 문득 광호가 쓰레기 몇 개를 주워드는 것이었다.

　앞서 지나간 누군가가 버린 콘 아이스크림 껍질이었다. 아이스크림은 반쯤 먹다가 버린 것이라, 녹아서 흘러 넘친 크림이 손에 묻어났다. 그런데도 광호 녀석은 아무렇지도 않다는 표정으로 다른 과자봉지와 함께 주워들고 있었다. 내가 주위를 둘러보니, 조그만 항아리가 보였다. 항아리에는 '금연'이라고 쓰여 있었는데, 들여다 보니 쓰레기가 버려져 있다.

　"광호야, 저기에 버려라."

　내 손짓에 따라 광호는 쓰레기를 항아리에 버렸다. 그 뒤로도 문을 벗어날 때까지 광호는 계속 쓰레기를 주워서 버렸다. 하도 그 행동이 신통해서 내가 물었다.

　"광호야, 귀찮지 않어?"

　"…."

　녀석은 대답 없이 웃기만 했다. 그래서 난 옆에 있던 태성이와 승용이에게 말했다.

"임마, 니들은 왜 안 줍냐? 광호가 쓰레기 줍는 것 안 보여?"

"전 귀찮아요."

이건 승용이 대답이고

"아이스크림 묻으면 찝찝해요."

이건 태성이 대답이다. 두 놈 다 솔직한 대답이었다. 나도 뭐 더 할 말이 없었다. 불국사 대문을 나서는데, 문 옆에 서 있던 아저씨 세 분이 광호를 보고 말했다.

"야, 고맙다."

"너, 정말 대단하다."

아저씨들은 광호의 행동을 죽 지켜보고 있었나 보다. 한 분은 나를 보고 물었다.

"어디 학교입니까?"

나는 우리 학교 이름을 자랑스럽게 대답해주었다.

오늘은 3교시 때, 승용이가 팔꿈치로 소희의 우유를 쏟았다. 소희의 책과 공책이 우유를 잔뜩 먹었다. 그런데, 그때 광호의 행동이라니! 녀석이 벌떡 일어서더니 빠른 걸음으로 걸레를 가지러 간다. 소희의 옆자리도 아니고 가장 먼 자리에 있던 녀석인데도 말이다. 그냥 용수철이 튕겨지듯 몸을 일으킨 것이다. 이건 뭐 자동으로 움직이는 그런 모습이다. 광호에게 그런 행동을 불러일으키는 것은 과연 무엇일까?

리더의 역할

우리 반 아이들이 모둠활동을 힘들어한다. 작년까지만 해도 모둠활동을 너무나 즐거워하던 아이들인데. 왜 그럴까? 까닭은 딱 한 가지! 모둠장이 되었기 때문이다. 우리 반 6학년 아이들이 일곱 명, 모둠도 일곱으로 나누었다. 가장 숫자가 적은 모둠이 넷, 가장 많은 모둠이 일곱이다.

나흘 뒤에 야영을 한다. 이때 모둠별로 장기자랑을 한다. 장기자랑의 종류를 선정하고 연습을 하는데, 어려움을 겪는 모둠이 있다. 광호는 오늘 아침에 기어코 눈물을 보였다. 인상을 찌푸리고, 말도 안 하고 가만히 있길래 왜 그러느냐고 물었더니, 고개를 흔든다. 옆에 있던 혜주가 대신 말했다.

"아이들이 뭐라고 해요. 광호한테."

"무슨 아이들이?"

"광호네 모둠 아이들이요."

"왜?"

"연극한다고 해놓고 왜 노래로 바꾸냐고요."

"그래? 왜 바꿨어?"

광호보고 물었으나 녀석은 고개만 흔들고 대답이 없더니, 찔끔 눈물을 보인다.

"재석이가 대들었어요. 광호한테."

5학년 재석이는 덩치도 크고, 말발도 센 아이다. 상대적으로 광호는 기질이 보드랍고, 아이들에게 화도 잘 내지 않는 그런 성격이라, 후배에게도 곧잘 밀린다. 모둠장이라고 맘대로 종목을 바꿔도 되냐고 재석이가 대든 모양이다.

"아이들과 마음을 잘 맞춰야지. 다시 잘 이야기해봐." 하고 나는 원론적인 이야기밖에 못했다. 좀 걱정이 된다. 광호네 모둠은 장기자랑을 과연 할 수 있을까?

소라네 모둠도 마찬가지다. 벌써 종목이 세 번째 바뀌었다. 합창에서 마술로, 마술에서 수화 노래로 바뀌었다. 지난주 금요일까지만 해도 마술을 한다고 떠들더니, 오늘 아침에는 나를 보자마자 수화 노래를 하기로 했다면서 "선생님, '당신은 사랑받기 위해 태어난 사람' 좀 구워주세요." 하고 소리친다. 지난주 금요일 오후에 인상을 푹푹 쓰던 모습과는 많이 대조적이다. 4학년 현진이, 3학년 도희를 데리고 마술을 하려는데 아이들이 전혀 따라주지 않는다고 성질을 부리던 소라였다.

상대적으로 소희나, 승비나 혜주는 아직까지 별 문제점이 없는 모양이다. 소희네는 천상지희의 '한번 더 OK'에 맞춰 춤을 춘다고 맹연습 중이다. 승비네는 남규리의 '깊은 밤을 날아서'를 율동과 함께 부른다고 한다. 혜주네도 노래와 율동인데, 무슨 노래인지 모르겠다. 이 셋은 그런대로 지도력을 발휘해서 잘 진행이 되고 있는 듯하다.

승용이네는 차력쇼를 준비하고, 태성이네는 개그 연극을 한단다. 승용이가 하는 이야기를 들어보면, 간단한 소품을 이용해서 웃기는 차력쇼를 보여줄 것 같다. 좀더 아이디어를 많이 짜보라고 했다. 태성이는 연극을 한다는데, 대본을 보여주지 않는다. 남은 날짜가 얼마 없음을 되새겨주었으나, 녀석은 느긋하다. 아무런 걱정도 되지 않는다는 얼굴로 천하태평이다. 남자 모둠장들은 여자 아이들이 조바심을 내면서 돌아치는 것과 아주 대조가 된다. 야영 날, 두껑을 열어보면, 알 테지.

마침 국어 시간에 '주장하는 글쓰기'가 있어서 주제를 '모둠장의 역할'로 해보았다. 주장과 근거와 실천 방안을 갖고 아이들이 글을 썼는데, 핵심 내용을 뽑아보면 이렇다.

- 모둠장은 아이들이 하기 싫어하는 일을 먼저 한다.(광호)
- 모둠장이 먼저 실천하고, 아이들을 많이 칭찬해준다.(혜주)
- 내가 선배니까 잘났다고 생각하지 말고 후배를 약간 친구처럼 생각하는 게 좋다.(승용)
- 말을 크게(화난 목소리) 하지 말고 부드럽게 해야 한다.(소희)
- 모둠을 즐겁게 이끌어야 한다. 친절하고 말 중간중간에 유머를 섞는다.(승비)
- 모둠장은 항상 웃고 친절해야 한다.(태성)

피부로 느끼며 고민을 하고 있는 일이라, 아이들의 글은 실감이 있다. 작은 모임이든 큰 모임이든 리더의 역할은 참 어렵다. 모임 활동의 승패를 좌우할 만큼 커다란 책임을 갖고 있으니, 그 아니 어려울 것인가? 우리 반 아이들은 때로는 울기도 하고 때로는 얼굴도 찌푸리면서 그렇게 좋은 경험을 하고 있다.

혜주 아빠의 꿀

6월 13일 수요일 | 기온이 조금 내려갔다. 바람 끝이 한결 견디기 수월하다.

혜주가 꿀을 가지고 왔다. 내리지 않은 밀랍에 꿀이 들어 있는 그대로 갖고 왔다. 선생님들이 가위로 조각을 내서 먹었다. 누구는 밀랍째다 먹고, 누구는 꿀만 빨아먹고 밀랍은 뱉었다.

혜주 아빠는 심마니다. 거의 해마다 거르지 않고 산삼을 캔다고 한다. 혜주네가 사는 동네는 소유리인데, 사방을 산이 빙 둘러 싸고 있다. 조선 중기쯤에 서울에서 당상관 벼슬을 지낸 박씨 양반이 죽으면서 봉토로 하사받은 곳이다. 봉토란 죽은 사람의 산소를 중심으로 얼마간의 땅을 나라에서 주는 것을 말한다. 지금도 그곳엔 박씨가 많이 살고 있다.

혜주 아빠는 먼 곳에 가서 산삼을 캐는 것이 아니라, 바로 집 뒷산에서 캔다. 아주 특별한 것은 그 동네의 다른 사람은 아무도 산삼을 캐지 못하고, 오직 혜주 아빠만이 캔다는 것이다. 산삼을 발 옆에 두고도 못 캔다는 말이 맞는 듯하다. 그 혜주 아빠가 토종꿀을 쳐서 이번에 첨 땄다고 보내주신 거다. 마음이 참 고맙다.

소유리 얘기가 나와서 말인데, 너무 아쉬움이 있다. 외지에서 소유리를 처음 들어와서 본 사람들은 "이건 무릉도원이 따로 없구만!" 하는

149

말을 한다. 그런데 그곳으로 고속도로가 지나간다. 붉은 깃발이 죽 길을 따라 꼽혔다. 마을 들머리에 있는 5학년 예은이네는 집이 헐린다고 한다. 고가와 터널로 고속도로가 지나간다는데, 이제 소유리는 무릉도원이 아니라, 소음 공장으로 변하게 되었다.

마을 사람들이 "절대 안돼! 고속도로 반대!"와 같은 펼침막을 내걸고, 저항을 했지만 그건 달걀로 바위치기였다. 펼침막은 채 한 달을 가지 못하고 모두 걷혔다. 이제 보상과 이주만 남았다. 보상을 받고 이주를 할 사람은 그나마 괜찮지만, 보상도 받지 못하고 소음만 고스란히 떠안게 된 사람들은 어찌하나? 고속도로가 직접 지나가거나, 주변 몇 미터 범위 안은 보상을 받지만 기준 범위 밖의 사람들은 보상은 받지 못한 채 소음과 분진만 떠안아야 한다.

중부내륙고속도로, 제2영동고속도로, 국지도 확장 공사가 속속 이곳 산골에도 몰아친다. 여기저기 붉은 깃발이 서고, 포크레인의 굉음이 쏟아진다.

이제 머지 않은 날엔 혜주 아빠의 꿀도 마를 것이다. 산삼도 소음과 분진을 견디지 못하고 녹아버리겠지. 꿀꿀하다. 나는 이런저런 생각을 하느라 혜주 아빠의 꿀을 한 조각도 먹지 못하였다.

갈등과 중재

6월 14일 목요일 | 맑음. 바람이 시원하다.

우리 반 남자 애는 셋이 다인데, 오늘 놀다가 티격태격하였다. 셋이 뒤편에 있는 돗자리에서 마주 앉아 잘 놀더니, 광호가 제자리에 와서 앉는다. 놀이가 끝난 줄 알았더니, 승용이와 태성이 두 놈은 그냥 돗자리 위에 있다. 뭐 그런가 보다 하고 있는데, 소라가 소리를 질렀다.

"선생님, 승용이하고 태성이 혼내주세요."

"응? 왜?"

"광호를 따돌리잖아요."

"뭬라구!"

나는 깜짝 놀라서 세 놈을 불렀다. 무슨 일이냐구, 소라 말이 사실이냐구 따졌다. 녀석들의 얼굴이 조금 상기된다. 표정을 보니 뭔가 있긴 있는 모양이다. 넙죽넙죽 말을 잘하는 승용이가 말했다.

"광호가 백분율 카드를 한 장씩 이렇게 이렇게 던졌어요. 그러니까 태성이가 카드를 주워서 광호 뒤쪽에 뿌렸어요."

"그게 뭔 소리야?"

"그러니까요. 광호가 태성이 탑 쌓은 곳에 카드를 던지고, 그걸 태성이가 줍고…."

"안되겠다. 있었던 사실을 그대로 한번 써와봐라. 잘못이 있으면 잘못도 쓰고."

셋이 써온 글은 아래와 같다.

내가 카드를 한 장씩 흑 바둑 있는 데로 뿌렸다. 그런데 태성이가 다 주워서 사물함이 있는 곳으로 뿌렸다. 그리고 태성이가 나를 때렸다. 그래서 내가 짜증을 내며 카드를 주워서 의자에 앉았다. 잘못했다고 생각한 것은 짜증을 내며 카드를 주웠다는 것이다. (광호)

내가 바둑 돌을 배치해놓음. 광호가 카드를 한 장씩 던짐. 나는 살짝 짜증이 남. 나는 광호가 다 던지자 내가 카드를 주워서 장난기가 발동, 광호 뒤에 카드를 뿌림. 광호가 나한테, "넌 이래서 싫어." 하고 내가 뿌린 카드를 한 쪽에 모아놓고 의자에 가서 앉음. 나는 다시 심심해서 뒤로 감. 승용이랑 놀고 있다가 소라가 꼬질러서 선생님께 불려감. 내 잘못 : 광호한테(광호 뒤에) 뿌린 것도 잘못이고 광호한테 모아주지도 않은 것. (태성)

광호하고 태성이하고 놀고 있었고 나는 화장실을 갔다 왔고 우리 셋이서 놀게 되었다. 내가 소라 때문에 기분이 상해서 장기 갖다가 탑을 쌓았다. 태성이는 전쟁놀이 중이었는데 내가 광호하고 싼 탑이 '신의 탑'이라면서 탑을 지키려는 자와 탑을 부수려는 자, 이렇게 나누어 바둑돌을 갖고 잘 놀았다. 광호가 수학 화투치는 카드로 바둑 돌에다가 던졌다. 광호는 태성이가 노는 걸 방해한 것이다. 근데 태성이가 그 카드를 다 주웠다. 광호는 태성이에게 카드를 달라고 했다. 하지만 태성이는 "알았어, 알았어." 하면서 카드를 주지 않았다. 그래서 광호가 태성이 옆에 가까이 가니까 태성이가 카드뭉치를 바닥에 뿌려버렸다. 광호는 화를 내면서 "야, 니가 주워 와!" 하고 말했다. 그러나 태성이는 카드를 주워주지 않았다. (승용)

셋의 글을 읽고 내가 말했다.

"다 조금씩 잘못이 있구만."

태성이와 광호는 고개를 끄덕이는데, 승용이는 실실 웃으며 가만히 있다. 내가 승용이에게 한마디 했다.

"너도 잘못이 있다. 친구들이 다투면 잘 말려야지."

승용이가 여전히 웃으면서 고개를 끄덕였다. 나는 말했다.

"너희들 셋이 잘 협의해서 좋은 결론을 갖고 와봐라."

셋은 무릎을 맞대고 앉았다. 태성이는 광호에게 말을 걸었지만 광호는 딴 데를 본다. 협의가 쉽지 않아 보인다. 둘 사이의 가장 큰 의견 차이는 '때렸나, 안 때렸나!'였다. 광호는 태성이가 때렸다고 주장하고, 태성이는 그냥 건드린 것 아니냐고 맞섰다. 승용이는 한숨을 푹푹 쉬면서 가운데서 중재를 하느라 바쁘다.

한 삼십 분 정도 흘렀을까? 셋은 협의가 되었다면서 내게 왔다. 셋다 웃는 얼굴이다. 승용이가 말을 한다.

"태성이는 광호에게 장난을 심하게 안 치고 친하게 지낼 것이며, 광호는 태성이랑 친하게 지낼 거냐고 물으니까, 그러겠다고 대답했어요."

"사실인가? 두 사람?"

"예."

태성이는 대뜸 대답하고, 광호는 한번 더 물었을 때 "예."라고 대답하였다. 셋은 교실을 나갔다. 그러나 뭔가 미봉을 한 것 같은 느낌을 지울 수가 없다.

새롭기 때문

6월 18일 월요일
쨍 하고 맑은 날, 가뭄이 오래된지라 대기의 습기가 완전히 빠졌다.
창 밖으로 보이는 은행나무 푸른 잎사귀도 만지면 부스러질 듯하다.

5교시 민속놀이 시간에 아이들과 '삼국지'를 하였다. 운동장 가운데에 지름 20미터 정도의 큰 원을 그리고, 가운데에 지름 1미터 작은 원을 그린다. 그리고 큰 원을 삼등분해 각각 고구려, 백제, 신라의 영토로 한다. 가운데 작은 원의 삼등분된 부채꼴은 각 나라의 보물함이다. 보물함에는 그 나라의 국보가 있다. 국보를 빼앗기면 그 나라는 망한다. 놀이의 규칙은 간단하다. 우리 영토와 공동 영토에서는 두 발로 다니지만, 남의 나라 영토에 들어가면 외 발로 뛰어야 한다. 다만 다섯 발 뛴 후에 발을 바꿀 수 있다.

반응은 뜻밖이었다. 폭발적인 인기였다. 3학년이든 6학년이든 남자 애든 여자 애든 모두 너무 좋아들 한다. 6교시까지 이어서 하자고 떼를 쓴다. 그 뒤로 아이들은 쉬는 시간에도 하고, 점심 먹고도 한다. 4학년 아이들은 자기 반 아이들 여섯 명만이 하기도 했다. 그저 깔깔거리고 즐거워한다.

아이들의 반응이 이리도 좋은 까닭이 뭘까? 곰곰이 생각해보지 않을 수 없다. 삼국지놀이가 아이들에게 재미를 주는 요인이 뭘까? 외 발 뛰기? 보물? 생각하다가 아이들에게 물어보았다. 혜주와 광호는 "그냥 재미있어요." 하더니 광호가 문득 말했다.

"신경전!"

"신경전? 그게 뭐야?"

내 물음에 광호보다 혜주가 먼저 대답했다.

"음, 신경전이란, 신라하고 백제가 서로 짜고 고구려를 멸망시키자고 하는 것 같은 것, 그거예요."

"아하."

나는 고개를 끄덕였다. 그런 이유도 있구나. 놀이란 역시 몸 움직임과 머리 움직임이 같이 가야 더 흥미진진한 거로구나. 그런데 집에 오는 차 안에서 은결이는 다른 의견을 내놓았다.

"그건, 새롭기 때문이야."

"새롭다니?"

"첨 해보는 거잖아. 작년에 리을자놀이 때도 그랬고 돼지부랄놀이 때도 그랬어."

"무슨 말이야?"

"처음 리을자놀이 할 때도 지금 삼국지처럼 좋아했다니깐."

나는 고개를 끄덕이지 않을 수 없었다. 그리고 삼국지놀이의 운명이 보였다. 리을자나 돼지부랄의 운명이 그랬듯이. 놀이는 늘 새롭게 태어나야 한다. 새로움이란 놀이를 완전히 갈아치운다는 것이 아니라, 작은 규칙이라도 하나 바꾸면 그건 새로운 것이리라. 공기놀이의 규칙이 끊임없이 바뀌듯이. 그리하여 늘 새로운 생명을 얻어가듯이.

대부도 갯벌 체험

6월 20일 수요일 | 여전히 불볕. 그러나 바닷바람을 쐬어서 시원한 하루.

갯벌에 갔다. 아이들과 교사들이 한 차. 어머니들과 아기들이 한 차. 두 대가 부릉부릉 대부도로 떠났다. 대부도는 '완광'이었다. 완전 관광지라는 뜻이다. 가는 길가에는 바지락 칼국수집을 비롯하여 온통 음식점과 모텔이 빼곡히 들어서 있다. 옛날 살림집이 분명한데, 칼국수집이라고 초라한 간판을 내건 집을 보면서는, 뭔가 씁쓸한 생각이 들었다.

'할머니 한 분이 사시고, 돈을 좀 벌 수 있을까 하여 간판을 내건 모양이다….'

주변 분위기에 편승하여 구차한 간판을 내건 저 오두막에 어떤 손님이 들까? 혹시 음식 맛이 너무 좋아 저 집이 명물이 되려나? 뭐 이런 부질없는 생각을 잠깐 했다. 그러나 마음은 왠지 모르게 답답하고 씁쓸했다.

대부도에 도착하자, 어촌계의 위원장이란 분이 나와 있었다. 같이 나온 젊은 사람은 보기에도 비싸 보이는 카메라를 들고 있다. 작년에는 허름한 비닐하우스였다는데, 지금은 대리석으로 외장을 한 번쩍거리는 새 건물이 어촌계 건물이었다. 건물 앞에 마련된 식탁에서 바지락 칼국수를 먹었다. 맛이 좋았다. 그런데 음식을 날라주시는 분들이 모두 할머니였다. 어촌계의 음식 담당이라고들 하셨다.

국수를 먹고, 트랙터를 타고 갯벌에 들어갔다. 말뚝을 쳐놓고 어촌계에서 관리하는 갯벌이다. 민챙이가 많았고 게는 가끔 나왔다. 바지락은 잘 보이지 않았다. 민챙이만 잔뜩 돌아다니는 갯벌을 보고, 이종남 선생님과 오태현 선생님은 "이거 오염된 거야." 하고 말했고, 재석이 어머니와 지혜 어머니는 "바지락 좀 있어요? 뭐 눈을 씻고 봐도 없네." 하면서 언짢아했다.

어른들은 그러거나 말거나 아이들은 신이 났다. 밤게와 소라게 참게 몇 마리씩 잡고는 곧 호미를 집어 던지고, 흙 싸움에 들어갔다. 은결이, 보나, 예은이, 병찬이, 재석이, 경만이는 아예 흙 바닥에 뒹굴었다. 보나는 눈까지 갯흙을 발라서 눈이 보이지 않을 정도였다. 소라가 흙덩이를 보나 눈에 집어 던진 탓이다. 그래도 울지도 않고 아프지도 않다면서 낄낄거린다.

두 시간여 놀다가 나올 때쯤에 바지락 캐기 불이 붙었다. 갯가에 살았다는 지혜 엄마가 단연 돋보였다. 프로다운 솜씨로 바지락과 동죽을 걷어 올리는데, 볼 만했다. 수진이 엄마도 버금가는 솜씨였다. 3등은 광호 엄마였다. 세 엄마가 양파자루로 한 반 자루씩 조개를 캐 올렸다. 조개가 있는 곳은 아이들을 풀어놓은 곳에서 삼십여 미터 떨어진 곳이었다.

"일부러 멀리 떨어뜨려 놓은 거야." 하고 엄마들이 불만스럽게 말하더니 "지금이라도 찾았으니 어디야." 하면서 서로 얼굴을 쳐다보며 깔깔 웃는다. 아이들은 트랙터를 타고 나오고, 엄마들은 거지반 걸어서 나오는데 지혜 엄마와 수진이 엄마는 그예 조개를 캐고 앉았다가, 호루라기 소리를 듣고서야 부랴부랴 밖으로 나왔다. 이 엄마들이 캔 조개는 내일 점심 시간에 아이들 식탁에 오를 것이다.

　나와서 샤워를 하고, 부침개와 바지락 삶은 것을 배불리 먹고, 학교로 돌아왔다. 오후 6시 반쯤 도착했을 때, 아빠들이 운동장에 마중을 나와 있었다. 옆집 애, 뒷집 애, 좀 가까운 곳에 사는 애들을 자기 차에 태우고 아빠들은 집으로 갔다.

고마운 비님이 오시네

6월 21일 목요일
비가 아침부터 내린다. 우리 학교 어떤 선생님은 '멋진 비가 오구마이' 하고 소리쳤다.

텃밭의 땅이 쩍쩍 갈라지면서 감자가 알을 드러내, 푸르딩딩해졌다. 뒤껼 향나무와 찔레나무와 명자나무 밑에선 네 해를 튼튼하게 잘 솟아오르던 5년근 인삼이 고개를 푹 숙였다. 열매 단 긴 목이 무거워 중동이 꺾여버린 것. 보기에 너무 안타까워 호스를 끌고 와서 물을 주었다. 위험스러움을 무릅쓰고서. 위험스럽다 함은, 아내가 물을 주다가 수국과 초롱꽃을 말려버린 일이 있기 때문이다. 연못가에 푸르게 자라던 수국, 꽃망울을 주렁주렁 달고 섰던 초롱꽃. 아내가 아침녘에 물을 줬다는데, 며칠이 지나, 이 놈들이 그저 시들어버린 것이다. 꽃을 활짝 피우지 못한 초롱꽃망울이 망울인 채로 '푸석' 거리며 부서지고 말았다.

물을 준다면 인삼도 초롱꽃이나 수국의 운명이 되지 말란 법이 없다. 그러나 고개를 꺾고 있는 인삼을 보고 그냥 지나칠 수는 없었다. 그날 저녁 은결이 이모네와 매운탕을 함께 먹었다. 그때 은결이 이모부가 말했다.

"물을 줄려면 저녁 때 줘야 해. 아침에 주면 고대 마르지. 물을 아무리 많이 준다고 해봐야, 물이 속으로 스미진 않을 걸? 차라리 비닐봉지에 물을 담아 바늘 구멍을 내놓는 게 나을 거야."

비닐봉지에 물을 빵빵하게 담아서 마르는 화초 옆에 놓아두라는 것이다. 바늘 구멍을 뚫어서. 그러면 하루 종일 물이 졸졸 흘러서 천천히 천천히 땅을 적셔준단 얘기다. 아! 감탄사가 절로 나온다. 오십 년 농사꾼의 실력이 자연스럽게 드러나는 순간이었다.

그게 이틀 전의 일이다. 이제 비가 내리니 맘이 이리 편할 수 없다. 나는 "고마운 비님이 오시네." 하고 말하고 싶은 심정이다. 옆에서 누군가 "비가 이틀만 와봐. 지긋지긋하다고 할 테니." 하고 핀잔을 준대도.

비가 내리니 시원하기 이를 데 없다. 아이들이 에어컨을 켜자는 말이 없다. 아니 승비는 춥다고 창문을 닫자고 한다. 소라는 언제 준비했는지, 긴 팔 옷으로 몸을 감싸고 있다. 원 녀석들도 참.

"고마운 비님이 오시네."
비가 내리니 시원하기 이를 데 없다.
소라는 언제 준비했는지,
긴 팔 옷으로 몸을 감싸고 있다.

기기묘묘

6월 28일 목요일 | 찜통의 진짜 얼굴을 보는 듯하다. 참말로 숨이 턱턱 막힌다.

어제 기기묘묘한 일이 있었다.

낮 2시 11분경, 5학년 재석이의 고함 소리가 들렸다.

"똥! 똥!"

아이들이 우르르 몰려갔다. 누렇고 거무튀튀한 똥덩이 한 개가 2층 올라가는 계단 옆에 떨어져 있었다. 사람 똥이 분명했다. 눈살이 절로 찌푸려지는 그 특유의 냄새! 뭐야? 누가 똥 쌌어? 웅성거리는 아이들의 머리 위에서 또 경악의 비명 소리가 터져나왔다.

"여기도 똥! 이건 대따 커! 완전 똥무더기야."

그랬다. 2층으로 올라가는 계단 세 번째 칸에 거무튀튀한 똥 한 무더기가 동그마니 놓여 있었다. 아이들이 코를 싸 쥐었다.

아, 그러나 이건 시작에 지나지 않았다. 똥은 5층 복도에도, 1층 남자 화장실 입구에도 있었다. 그러다 식당의 의자에서도 똥덩이를 발견했을 때, 아이들은 거의 정신이 하늘로 붕 떠오를 지경이었다.

식당 의자의 똥은, 발견하는 과정도 엽기였다. 의자에 똥덩이가 있으리라고 꿈에도 생시에도 천천만만 생각도 못한 주상이가 그냥 털퍽 앉다가, 엉덩이로 똥덩이를 뭉개버린 것이다. 우리가 늘 말로만 하는 "똥 씹은 얼굴"을 본적이 있는가? 그것은 당황스럽고, 억울하고, 화나고, 슬프고, 민망하고… 이 모든 것을 합쳐 놓은 얼굴 표정을 생각하면 된다.

과연 누가 똥의 임자일까?

아이들이 다 집에 갈 때까지도 아무도 몰랐다. 그리고 하루가 지난 오늘도 아무도 모른다. 아침에 전교생이 식당에 모여, 회의를 했다.

"도대체 우리가 화장실을 이렇게 사용해서 되겠는가?"

이것이 주제였다. 변을 보고 물을 안 내린다거나, 조준을 잘못하여 변기 바깥에 똥덩이를 떨어뜨리는 일은 있을 수 있다. 그러나 이건 아니잖아, 이건 아니잖아! 계단과 복도와 식당 의자가 변기일 수는 없지 않은가? 이게 선생님들의 말이고, 아이들의 말이었다. 그리고 앞으로 화장실을 더 깨끗하게 이용하자고 결론을 맺었다.

그러나 아직 누가 사방에 똥덩이를 흘린 임자인지는 아무도 모른다. 본인이 스스로 입을 열지 않으니, 알 수가 없는 것이다. 아니, 안다고 하더라도 우린 말할 수 없다. 다만 추측할 뿐이다.

'어떤 꼬마가 똥이 너무 급한 나머지, 여기저기 똥덩이를 흘리면서, 누나나 형을 찾아다니지 않았을까?'

민속놀이

비는 내리지 않지만 운동장이 물구덩이라, 교실에서 민속놀이를 했다. 3학년 8명 한 줄, 4학년 8명 한 줄, 5,6학년 7명 각각 한 줄. 네 줄을 앉혀놓고, 그 앞에 내가 앉아서 처음엔 '머리 어깨 무릎 발'을 하였다. 두 손바닥을 아래로 하여 머리, 어깨, 무릎, 발을 순서대로 짚고 입으로는 리듬에 맞춰 역시 머리, 어깨, 무릎, 발을 노래로 부른다.

간단한 율동이지만 해보면 꽤 재미있다. 두 번 율동과 함께 노래를 부르고

"이젠, '발'을 뺀다." 하고 소리치니까 아이들 눈이 반짝인다. 이 놀이를 아는 아이가 몇 명 되지 않는다는 걸 눈빛으로 보아 알겠다. 그렇다면 이 놀이는 재미있게 진행될 거라는 예감이 팍팍 오는 순간이다. '발을 뺀다'는 것은 율동은 그대로 하면서 입으로는 '발'을 외치면 안 되는 것이다. '발'을 외치거나, 동작이 틀리거나, 안 틀리려고 입술을 꽉 다물고 있으면 걸린다.

"걸린 사람은 어떻게 할까?"

내가 묻자, 아이들이 여기저기서 대답한다.

"엉덩이로 이름 써요."

"노래 불러요."

"춤 춰요."

떠들썩한 대답 속에 이런 소리가 들린다.

"걸린 사람은 자리 밖으로 나가고, 안 걸린 사람은 계속 자리에 앉아 있기요."

누군가 보니, 6학년 소희다. 듣고 보니까 괜찮은 생각 같다.

"좋아. 걸린 사람은 일어서서 나가고, 누가 끝까지 남나 보자."

"좋아요!"

아이들도 큰 소리로 동의한다.

발 빼고, 무릎 빼고, 어깨 빼고 순서대로 놀이를 하는데 꽤 여러 명이 걸려서 나간다. 나중엔 미리 나간 놈들이 물귀신이 되어 틀린 애들을 잡아낸다.

어깨까지 빼고 나서, 아이들이 머리도 빼요? 하고 묻는데

"머리는 뺄 수 없지. 다시 발부터 살아나자." 했더니, 몇몇 놈들이 혼자 먼저 해보곤 "발!" "발!" 하면서 재밌다고 깔깔거린다. 발, 무릎, 어깨 순서로 다시 살아나는 동안 또 여러 아이들이 걸려서 나갔다. 다 살아나서 율동과 노래를 한꺼번에 부르는데 모두들 너무 자신 있게 부른다. 그걸 보고 한마디 했다.

"온몸이 다 살아나니까, 편하지?"

알아들은 놈들은 "예!"라고 대답하고 못 알아들은 놈은 대답이 없다. 이십여 분 이렇게 놀다가

166

"이제 몸 풀기 끝. 머리 풀기 시작!"

"머리 풀기는 뭐죠?"

"수수께끼 놀이다."

상품을 몇 개 걸었더니, 몹시 좋아들 한다. 여러 가지 수수께끼를 냈는데 그 가운데 기억에 남는 건 이런 거다.

1) IQ 30이 생각하는 산토끼의 반대말은? (끼토산)

2) IQ 60이 생각하는 산토끼의 반대말은? (집토끼)

3) IQ 80이 생각하는 산토끼의 반대말은? (죽은토끼)

4) IQ 100이 생각하는 산토끼의 반대말은? (바다토끼)

5) IQ 150이 생각하는 산토끼의 반대말은? (판토끼)

6) IQ 200이 생각하는 산토끼의 반대말은? (알카리토끼)

시간은 빛살처럼 흘러갔다. 더 하자고 조르는 아이들을 각자 저희들 교실로 돌려 보냈다.

소중한 우리말

7월 5일 목요일 | 비 그치고 해 나오다.

3교시엔 '소중한 우리말'이란 주제로 국어 공부를 하고, 4교시엔 'What will you do this summer?'라는 주제로 영어 공부를 했다.

우리말은 고유어(순우리말, 토박이말), 한자어, 외래어를 그 범위로 하고, 나머지는 외국어라고 한다. 아이들은 평소 쓰는 말을 음식, 옷, 학용품으로 나누어서 써보고, 어떤 종류의 말이 가장 많은지 살펴보았다. 그런데 뜻밖에도 고유어가 가장 많았다. 아이들이 외래어나 외국어를 많이 쓸 줄 알았는데, 그렇지 않은 건 뜻밖이었다.

이건 무엇을 뜻할까? 아이들의 어휘 실력이 낮아서일까? 아니면 음식이나 옷, 학용품은 고유어가 아직 많이 살아 있다는 뜻일까? 아, 그러고 보면 음식에 고유어가 가장 많았고 학용품에 상대적으로 외래어가 많았다.

어쨌든 아이들은 국어 시간에 낱말을 찾고 나누고 하는 활동을 재미있어 했다. 그러면 영어 시간엔 어땠을까? 영어를 확실히 부담스러워하는 아이들이 많다. 과외를 하는 승비는 영어 시간을 무척 재미있어하지만, 대부분의 다른 아이들은 영어 시간을 괴로워한다. 따라 읽기나 상황 듣고 내용 파악하기를 재미없어 한다. 그러나 영어 교재에는 엄청난 투자가 되어 있어서 그나마 아이들이 견디는 편이다. 다른 교재와 비교했을 때, 영어 교과서는 몇 배 이상의 투자가 이루어진 것으로 보인다. 거의 모든 차시에 그림이나 낱말카드를 활용할 수 있도록 배치가 되어 있으며, 단원마다 노래와 놀이가 준비되어 있다.

다른 과목보다 훨씬 많은 노력으로 교재를 만들었음을 알 수 있는데, 그래도 학교에서 완벽하게 영어를 습득하게 하기는 어렵다. 과거보다는 많이 나아지긴 했지만 말이다. 여전히 궁금한 것은 모든 아이들에게 이렇듯 영어를 강요하여 가르칠 필요가 있을까 하는 점이다. 영어에 미쳐 있는 나라. 영어 때문에 앞길이 좌절된 사람이 한 둘이 아니다. 어떤 언어를 잘 구사하는가의 여부가 한 인간의 능력을 재는 잣대가 되는 것이 과연 올바른 사회의 모습일까?

잘 굴러가지 않는 혀로 텔레비전에서 나오는 외국인의 발음을 따라 하려고 애쓰는 태성이의 찡그린 얼굴이 안쓰럽다.

하호 아이들의 여유

7월 6일 금요일 | 제주도로 장마 전선이 내려가고 푹푹 찐다.

정말 아이들은 지치지도 않는다. 아침 8시 10분부터 9시까지 특기 적성으로 축구를 금방 하고 나서도, 또 체육을 하자고 조른다. 온몸에 땀이 흐르고, 머리엔 물을 뒤집어 써서 뚝뚝 물방울을 흘리면서 말이다.

밖에 나가보니, 아침부터 숨이 턱 막힐 정도로 덥다. 습도도 몹시 높은 편이다. 선생님들과 의논을 하였다. 합동 체육을 할 것이냐 말 것이냐. 하지 말고 각자 교실에서 자기 학년을 데리고 다른 학습을 하자는 의견이 나왔다. 나도 그러자고 하고 교실로 올라갔다.

올라가는 길목에서 아이들에게 잡혔다. 우리 반 아이들은 물론이고, 5학년, 3학년 아이들도 두엇 만났는데 "선생님, 1, 2교시 체육 때 뭐 해요?" 하고 묻는다. 체육을 하지 않을 거라고 눈꼽만큼도 생각하고 있지 않다는 얼굴이다.

"오늘은 각자 교실에서 해. 더워서 운동장에서 못 해."

이런 내 말에 아이들이 대번에 신음 소리를 내지른다.

"왜요?"

"왜, 체육 안 해요?"

"안 더워요. 뭐가 덥다고 그래요."

아이들은 세상이 곧 망하기라도 할 듯이 절망스런 소리를 내지른다. 아, 나는 아이들의 이 절규를 그냥 지나칠 수 없었다.

"하자, 그래 하자."

아이들에게 연락을 하라고 했더니 광호, 승용이가 바람돌이, 날쌘돌이가 되어 각 학년 교실을 죽 돌아서 전달하고 왔다.

운동장에 나가, 간단하게 체조를 하고 발야구 패를 나눴다. 은행나무가 드리우는 그늘이 조금 있는 울타리 근처에 발야구장을 그리려고 했더니 3학년 한규가 불만을 쏟아놓는다.

"선생님, 여긴 너무 좁아요."

"안 좁아."

"좁아요. 구령대 앞에서 해요."

"녀석아, 거긴 땡볕이야. 더워서 안돼."

"안 더워요. 여긴 물도 있잖아요."

하긴 그랬다. 며칠 이어진 장맛비로 군데군데 질고 물이 고이기도 했다. 마른 곳을 경기장으로 하려면 구령대 앞이 딱이었다. 그러나 그곳은 그늘이 없다. 두 시간 동안 땡볕에서 운동을 하기엔 날이 너무 더워 걱정이 되었으나, 아이들은 아무런 걱정이 없다. 구령대 앞에서 하자고 다들 난리다. 할 수 없이 구령대 앞에서 교문 쪽을 바라보고 경기장을 그렸다.

두 패로 나누어 경기를 진행했다. 차고 던지고 달리고, 좀 하더니 더워서 헐떡거린다. 그때 아주 좋은 곳을 발견했다. 구령대 위는 지붕이 있어서 그늘이 생긴 것을 보았다.

"공격패는 구령대 위로 올라가."

당장 공격하는 아이들만 빼놓고 순번을 기다리는 아이들은 구령대 위로 다 올라가서 기다렸다. 경기장도 잘 보이고 그늘도 되고, 하여간 공격하는 아이들은 조금 쉴 수 있었다. 그러나 6학년 아이들은 코치를 하느라 한번도 그늘에 올라오질 못했다.

아이들이 경기하는 걸 지켜보면서, 나는 기분이 좋았다. 윗 학년들은 아래 학년이 못한다고 윽박지르지 않는다. 3학년 도희나 줄리나가 네 번 파울로 아웃을 당해도, "괜찮아. 괜찮아." 하고 6학년 언니들이 등을 토닥여준다. 그러자 울먹울먹하던 도희와 줄리나가 얼굴을 활짝 펴고 웃었다. 더욱 좋았던 건, 경기에 졌다고 삐지거나 이긴 패를 이죽거리는 아이들이 없었다는 점이다. 무엇보다 아이들이 예쁜 건, 내가 심판을 보면서 실수를 하거나 번복을 하는 경우가 몇 번 있었는데, 그걸 가지고 심각하게 따지고 들지 않았다는 것이다.

"선생님이라고 실수 안 하시냐?"

이건 경만이가 한 말이다. 그 말에 아이들은 더 이상 말이 없었다. 보통 보면 경기의 승패 때문에 질질 짜거나, 경기가 끝나고 나서 서로 얼굴을 붉히는 경우가 많다. 그러나 우리 아이들은 그런 모습을 거의 보이지 않는다. 왜 그럴까?

아마도 언제든 놀 수 있는 시간과 공간이 있어서 마음이 여유롭기 때문이 아닐까? 또는 언니는 동생을 위하고 동생은 언니를 따르는 따스한 전통이 있어서 그런지도 모른다. 날씨는 푹푹 쪘지만, 아이들이 노는 모습은 참 상쾌했다.

시험

내일 기말 시험을 본다고 아이들이 많이 긴장을 한다. 될 수 있으면 경쟁을 시키지 않는 우리 학교 교육 과정이지만, 이런 기말 시험은 자연스럽게 경쟁이 된다. 물론 점수를 갖고 순위를 매기거나 매긴 순위를 발표한다거나 하는 일은 결코 없다. 그래도 아이들은 경쟁심을 갖고 있다. 승용이는 아침에 한숨을 쉬면서 "이렇게 죽도록 공부하고 꼴찌하면 으휴~." 하고 푸념을 늘어놓았다.

한 학기에 딱 한 번 보는 지필시험이다. 일상적인 수행평가에서는 아이들이 경쟁심을 갖거나, 스트레스를 받지 않는다. 유독 이 지필고사에서만 점수에 예민하다. 아마 사회적인 분위기에 아이들이 알게 모르게 휩싸여 있지 않나 싶다.

이렇게 지나치게 아이들을 옥죄는 시험을 중학교에 가면 매월 또는 격월 또는 한 학기에 두 번 정도를 봐야 한다. 그것도 결과는 석차를 매겨서 공개를 하기까지 하니, 정말 이건 일상적인 스트레스다.

오늘 마지막 6교시 사회 시간에, 공부한 단원을 복습하도록 했다. 책을 읽고 각자 중요하다고 생각되는 것을 골라 다른 아이들에게 문제로 내라고 했다. 2,3분 문제 고르는 시간을 주고, 그동안에 나는 칠판에 아이들 이름을 썼다. 성과 이름 첫 글자만 따서 '김소, 김태, 박광, 박혜, 이승, 임승, 정소'라고 옆으로 한 줄 쭉 써놓고 말했다.

"친구들이 내는 문제의 답을 맞춘 사람은 이름 밑에 동그라미를 하겠다. 동그라미 개수가 가장 많은 사람이 1등이지."

"1등 하면 상품 있어요?"

광호가 대뜸 묻는다.

"상품은 무슨. 없어."

내 대답에 소라가 "피이!" 하고 입피리를 불고 혜주는 "근데, 선생님. 왜 경쟁을 시키세요." 하고 불만스럽게 항의를 한다.

"경쟁은 무슨. 그냥 재미로 하는 거야."

나는 얼버무리면서 '이것도 경쟁으로 받아들이는 구나, 1등 운운한 말이 문제가 있구나.' 하는 생각을 속으로 하였다.

점수 표기 통지표 부활

7월 11일 수요일 | 장맛비.

어제 시험을 보고, 오늘 아이들과 함께 시험지를 살펴보았다. 생각보다 점수가 적게 나온 아이들은 기분이 별로 좋지 않다. 특히 승비는 국어, 사회, 과학은 다 90점대인데 수학만 점수가 낮았다. 문제를 같이 풀 때 승비 입에서 신음 소리가 터져나온다.

"어려운 건 맞고 쉬운 것만 다 틀렸어!"

"그러게, 넌 어째 꺼꾸로냐?"

혜주가 웃으며 퉁박을 준다. 내가 한마디 안 할 수 없다.

"쉽다고 문제를 깔보는 거, 진지하게 집중 못하는 거, 그것도 실력에 들어간다."

승비는 입을 삐죽삐죽 하는데, 승용이 녀석이 "맞아요, 맞아. 실력이예요." 하고 너스레를 떨다가 승비의 날카로운 눈 화살을 맞았다. 네 과목 시험지를 다 같이 풀고 났을 때, 소라가 소리쳤다.

"아으~, 또 꼴찌야. 5학년 때도 꼴찌했는데, 아웅!"

소라의 낑낑대는 소리에 아무도 반응이 없다. 그러자 소라가 좀더 큰 목소리로 말했다.

"선생님, 시험 다시 봐요."

"뭔 소리야?"

내가 묻는데 승비가 대뜸 "다시 보면, 100점 맞게? 답을 다 알잖아." 하고 소라 말을 튕겨내니까 소라는 "난 다 몰라. 답 다 몰라." 하고 눈을 둥그렇게 뜨면서 손까지 흔든다.

"시끄러! 애초에 잘 보지 요놈들아. 시험을 보긴 뭘 또 봐. 점수에 너무 신경 쓰지 말고, 내가 어떤 부분이 부족한지 그걸 알고 그 부분에 좀더 노력해. 알간?"

아이들에겐 지루하게 들릴, 뻔할 뻔자, 뻔한 이야기로 마무리를 했다.

어제 10일자 한겨레신문에 〈점수 표기 통지표 부활〉이란 제목의 기사가 났다. 표와 사진으로 제시한 것을 보니까, 한 학생이 시험을 본 각 과목의 점수를 표로 나타내고 그 밑에 학급에서 그 학생의 성적 위치를 그래프로 그렸다. 이것은 그 학생이 자기 반에서 어디에 위치하는지를 한 눈에 알려주는 것으로서, 순위를 표시하지 않았다 뿐이지 석차를 매긴 것이나 다름없어 보였다.

자료 사진은 서울 도림초등학교의 것이었다. 이 일을 두고, 전교조에서는 "일제고사의 부활과 아이들의 시험 스트레스 심화, 학원 수강의 확대로 이어질 것이 불을 보듯 뻔하다. 당장 중지해야 한다."고 주장한 반면, 서울시교육청의 초등정책 담당관이란 사람은 "학부모들이 자기 자녀의 성적을 좀더 정확하게 알고자 하는 요구가 반영된 것이며, 학교가 자율적으로 정하여 시행하는 것이므로 교육청에서 이래라 저래라 할 일이 아니다." 하고 말한 것이 실렸다.

아무래도, 시험 귀신이 초등학교까지 번져서 아이들 어깨를 짓누를 것 같은 예감이 든다. 비가 추적거리는 밤에 음산한 바람과 함께 퀴퀴한 썩은 냄새가 풍기는 뭔가 기분이 몹시 나쁜 그런 조짐 말이다.

역사 교과서

방학이 가까워서인지, 금방 기말 시험이라고 보고 나서인지, 아이들이 수업 시간에 힘들어 한다. 오늘은 마침 실과가 들은 날이다. 그러나 지난주에 방석을 만든다고 바느질을 하느라 네 시간이나 썼기 때문에 그때 못한 사회를 연속으로 두 시간 하자고 했다. 그랬더니 아이들은 이미 약속되어 있는 것이기 때문에 뭐라고 항거는 못하지만 얼굴을 찌푸려 영 마땅치 못하다는 뜻을 내비친다.

그러거나 말거나 밀어부쳤다. 3.1운동과 대한민국 임시정부를 공부했다. 이 시대를 공부하면서 늘 느끼는 것이지만, 너무 재미가 없다는 것이다. 역사 공부를 어찌 재미로만 하겠냐마는 요약하자면

"우리에게 슬픈 역사가 있었다. 그러나 백성들은 한마음으로 뭉쳐서 나라를 되찾으려고 노력했다." - 끝.

이렇게 된다. 박제가 된 이런 역사의 글귀를 읽으면서 아이들은 무표정하다. 분노나 슬픔 같은 낱말이 교과서에 쓰여 있기도 하지만, 그 낱

178

말을 보고 아이들이 분노하거나 슬퍼하는 것 같지도 않다. 그건 왜 그럴까?

아마도 역사를 나타낸 교과서의 글귀 자체가 무미건조하기 때문인 듯하다. 당시의 처절하고 역동적인 사회상이나, 민족주의자, 매국노, 이도 저도 아닌 보통 사람들…, 그 수많은 인간 군상들의 모습을 획일화하여 '모든 백성이 한마음으로 뭉쳐 나라를 되찾으려 노력하였다.'고 해놓았으니 무슨 느낌이 있을 것인가?

뒷집 할아버지가 돌아가셨다. 도시에서 정년 퇴직을 하고 시골로 와서 텃밭을 일구며 사시던 분이었다. 농기계도 몸소 부리며 아주 즐겁게 일하시던 분이었는데, 올 봄에 건강검진을 하다가 '암'이라는 사실을 알고, 치료를 받으시다가 겨우 넉 달 만에 돌아가셨다. 연세는 비록 일흔이 넘었으나 젊은이보다 일을 더 잘하시고 건장하던 분이었는데, 병을 알고 나서는 단 한 달 만에 백발의 호호 할아버지가 되고 말았다. 우리와는 울타리로 서로 먹을 것을 주고받던 사이였는데, 할아버지를 다시 볼 수 없다는 생각을 하니, 정말 인생무상이란 말이 새삼스럽다. 이제 홀로 남으신 할머니는 어찌 사실런지? 할머니는 머리를 늘 까맣게 염색하고 사셨는데, 할아버지가 병원에 드나들면서는 아예 염색을 하시지 않아 할머니도 머리가 하얀 호호 할머니가 되셨다.

방학 계획

7월 21일 토요일 | 잔뜩 찌푸림. 장마의 끝.

방학을 하는 날이다. 아이들과 두 시간 동안 방학 계획을 세웠다. 〈나의 방학 계획〉이라는 양식을 주고 아이들이 작성한 것을 가지고 같이 이야기를 나누었다. 방학 계획서의 항목은 3가지이다.

가) 이번 방학 때 꼭 해보고 싶은 일 (10가지 이상)
나) 가) 가운데서 실천 가능한 일
다) 실천 계획 (3가지 이상)

이 항목에 따라 아이들이 작성한 것을 보면 재미있다. 아이들 번호 순서대로 정리를 해보면 이렇다.

김소희
가) 강 따라 가기, 운동하기, 그림 그리기, 폭포 맞기, 계속 잠자기, 북한 가기, 캠핑 가기, 다이어트하기
나) 강 따라 가기, 계속 잠자기, 캠핑 가기, 폭포 맞기, 다이어트하기

다)-1. 폭포 맞기(기간: 7.30 / 방법: 아빠와 놀러간다(계곡으로), 폭포 밑에 가만히 앉아 있어 보기)

    2. 다이어트하기(기간: 7.21~8.25 / 방법: 아침에 동네 산책하기, 밥 줄이기, 윗몸일으키기 20번 날마다, 눕지 말기 특히 텔레비전 볼 때)

김태성

가) 할머니네 가기, 누나와 영어회화 하기, 운동 많이 하기, 공부 무지 잘해보기, 책 많이 읽기, 타자 200타 이상 치기, 한자 익히기, 검정고시 공부해보기(나중에), 내가 좋아하는 음악 듣기, 외할머니 댁 가기

나) 책 많이 읽기, 할머니네 가기, 누나와 영어회화 하기, 운동 많이 하기, 공부 무지 잘해보기, 타자 200타 완성하기, 한자 익히기, 내가 좋아하는 음악 듣기

다)-1. 누나와 영어회화 하기(기간: 7.23~8.20 / 방법: 누나에게 영어 배우기, 누나와 말하기, 나 홀로 공책에 영어 익히기)

    2. 한자 익히기(기간: 7.23~8.20 / 방법: 책으로 한자 배우기, 아버지와 복습하기, 한자 쓰고 익히기)

    3. 책 많이 읽기(기간: 7.23~8.20 / 방법: 만화책 빼고 모든 책 읽기, 시간날 때마다 책 즐겨 읽기, 가족 친구 친척과 책에 대한 이야기 많이 하기)

박광호

가) 윗몸일으키기, 공중 부양, 축지법, 분신술, 몸무게 줄이기, 키 크기

나) 윗몸일으키기, 축지법, 몸무게 줄이기

다)-1. 축지법(기간: 7.22~8.26 / 방법: 날마다 2km달리기, 축지법 이론 공부, 축지법 하는 사람 만나기)

　2. 윗몸일으키기(기간: 7.21~8.25 / 방법; 날마다 50회씩 하기)

　3. 몸무게 줄이기(기간: 7.23~8.23 / 방법: 자전거 많이 타기, 위에 하자고 한 것 열심히 하기)

박혜주

가) 만화책 많이 보기, 그림 그리기, 영화 보고 일기 쓰기, 일기 쓰기 (1주일에 한 번), 동물 그리기, 식물 그림 그리기, 밤새보기, 게임하기, 친구와 많이 놀기, 사진 많이 찍기, 다이어트

나) 만화책 보기, 영화 보기(영화일기), 사진 찍기, 게임하기, 일기, 다이어트, 식물 동물 그리기

다)-1. 영화 일기 쓰기(기간: 7.23~8.26 / 방법: 인터넷 뒤지기, CD로 보기, 코믹 멜로 순정 10편보기, 감상 일기 쓰기)

　2. 사진 찍기(기간: 7.24~8.20 / 방법: 마구 찍기, 이쁜 것 찍기, 식물 사람, 동물을 찍어서 내 홈피에 옮기기)

　3. 동, 식물 그림그리기(기간: 7.24~8.26 / 방법: 산에 돌아다니기, 집에 있는 식물 기르는 것 그리기)

이승용

가) 등산하기, 만화책 보기, 나의 철학하기, 폭포 맞기, 호랑이하고 고양이 길러보기, 만화 그리기, 스님처럼 옷을 입고 머리 깎기, 육식 안 하기, 채식만 하기, 높은 나무에 올라갔다가 내려오기, 명상하기, 고무신 신기, 모험하기, 앵무새와 백로 고니 키우기, 체조하기, 밭농사

나) 만화책 보기, 나의 철학하기, 만화 그리기, 채식하기, 명상하기, 체조하기

다)-1. 만화 그리기(기간: 7.23~만화 끝날 때까지 / 방법: 종이 한 묶음 준비, 만화를 보면서 공부하기, 필기 도구 준비, 스토리 생각하기)

2. 채식하기(기간: 7.23~8.30 / 방법: 고기 안 먹기, 풀과 두부 등 먹기, 다짐하기)

3. 명상하기(기간: 7.23~8.11 / 방법: 바위 위에서 명상하기, 나무 위에서 명상하기)

4. 나의 철학하기(기간: 7.24~8.5 / 방법: 비밀)

임승비

가) 하루 종일 만화책 보기, 하루 종일 영화 보기, 백두산 가기, 번지 점프하기, 산 가기, 마음껏 소리지르기, 우주에서 지구 보기, 바다 가기, 친구랑 놀기, 주산셈 배우기, 다이어트

나) 백두산 가기, 마음껏 소리지르기, 하루 종일 만화책, 영화 보기,

바다 가기, 친구랑 놀기, 주산셈 배우기, 다이어트

다)-1. 백두산 가기(기간: 8.11~18 / 방법: 비행기 타고 중국 가기, 백두산 올라가기, 역사공부 하기 / 결과 예상– 역사공부를 많이 할 것이다)

  2. 다이어트(기간: 7.22~8.25 / 방법: 아침에 일어나서 체조, 윗몸일으키기, 폴더, 줄넘기, 숲길까지 걸어갔다 오기 / 결과 예상–5kg 살 빼기)

  3. 마음껏 소리 지르기(기간: 7.31 / 방법: 엄마 아빠 병찬이에게 설명을 함/창문에 얼굴을 내밀고 소리지르기, 5분 동안)

정소라

가) 엄마랑 영화관에 가서 영화 보기, 미란다호텔 수영장 가기, 이모네 가기, 바다 가기, 미국 가기, 스위스 가기, 중국 가기, 제주도 가기, 독도 가기, 수족관 가기

나) 엄마랑 영화관 가서 영화 보기, 미란다호텔 수영장 가기, 이모네 가기, 수족관 가기, 바다 가기

다)-1. 엄마랑 영화관 가서 영화 보기(기간: 7.22~7.26 / 방법: 엄마한테 영화 보고 싶다고 하기, 해리포터 불사조기사단 보기)

  2. 미란다호텔 수영장 가기(기간: 8.6~8.11 / 방법: 버스타고 이천에 간다, 준비물–수영복, 수영모자, 물안경, 돈)

  3. 이모네 가기(기간: 8.15~8.20 / 방법: 이모부가 와서 날 데리고 간다, 가서 할 일–만화책을 본다, 언니랑 수영장을 간다.)

일곱 명 아이들의 계획을 옮겨 쓰다보니 손가락이 아프다. 하지만 아이들의 생각이 재미있어서 기록으로 남겨두게 되어 좋다. 각자의 특성과 가정 환경에 맞게 스스로 할 일을 계획하였다. 모두 실천이 가능해 보인다. 스스로의 욕망과 현실의 격차도 이해하게 되고, 스스로가 뭘 잘 할 수 있는지도 조금씩 느껴본 듯하다. 태성이는 주로 공부와 관련된 것을 했다고, 아이들이 와와! 한다. 그러나 역시 태성이 답다고 아이들이 말한다. 승용이도 승용이답다고 아이들이 웃는다. 녀석이 채식을 무려 한 달을 한다고 계획했는데 걱정이 된다. 혜주도, 소희도, 소라도, 승비도 다 각각의 특성에 맞게 계획이 잘된 것 같다. 광호는 축지법을 실천한다고 해서 "개학 때, 광호가 날아오겠다."고 내가 우스개 말을 했더니, 광호는 온몸을 흔들면서 "아이구, 선생님!" 소리를 지르고 다른 아이들은 왁자하게 웃어댄다.

　　개학 때가 기대된다.

아줌마 두부

"따끈따끈한 두부."
"따끈따끈한 순두부."
"아줌마 두부!"

1, 2행은 느릿느릿하게 하는데, '따끈따끈한' 은 따에 강세를 주고
두부와 순두부는 축 늘어뜨려서 발음한다.
마지막 3행은 강하게 외치는데,
아줌마는 정말 아줌마를 크게 부르듯이 외치고
'두부' 는 가장 세게, 그리고 짧게 끊어서 마무리한다.
이 아줌마 두부는 나타난 지 석달여 만에 여주군을 평정했다.
군의 동쪽 끝 사람과 서쪽 끝 사람이 만나도
"아줌마 두부 알아?"
"알지." 하고 이야기꽃을 피울 수 있다.
아줌마 두부는 원래 부부가 같이 다녔다. 남편은 운전을 하고 아내는
손님이 손짓하는지 살펴보고 내려서 두부를 팔았다.

그런데 언제부턴가 남편 따로 아내 따로 다니기 시작했다.
사람들 누구나 궁금해했는데 사실은 곧 밝혀졌다.

"둘이 싸웠다둥마."
"그래서 아내가 나도 차 사줘! 해서 따로 다닌대."
"아줌마는 초보라서 사람이 불러도 그냥 내빼기만 한다지.
두부도 안 팔고."
"아무리 싸워도 같이 다니는 게 안 좋을까?"
"모르는 소리 하지 마. 여자는 한 번 꼴 뵈기 싫어지면
남편하고 같이 못 다녀."
"너무너무 편하대. 그 아줌마는."

뭐 이런 식으로 떠들었는데, 이 풍문은 여주군 내를 다 떠돌아
남쪽 끝 사람과 북쪽 끝 사람이 만나도 이야기는 비슷했다.
직접 그 부부에게 누가 물어봤는지는 알 수 없는 일이지만.
어쨌든 두부는 맛있다.
우리 동네는 아줌마, 곧 아내가 오는데
그저 차만 몰고 앞을 보고 주루룩 가버리기 때문에
차 앞을 막아서지 않으면 두부를 사기가 쉽지 않다.
오늘도 그제 어저께 연달아 두 번 실패하고
삼세 번 만에 두부 한 모를 샀다.
내가 아줌마에게 웃으면서 통을 주었다.

"불러도 못 들은 체 도망가시깁니까?"

"옆을 못 봐서… 미안합니데이."

몸도 둥글 얼굴도 둥글둥글한 아줌마가 수줍게 웃으며 대꾸했다.

두부가 맛도 그런대로 괜찮지만

많은 사람들의 평가는

'노래가 참 좋다'는 것이다.

꼭 필요한 말만 할 뿐 아니라

소리의 높낮이나 소리의 장단이

희한하게 들어 맞는다는 것이다.

곧바로 따라하게 만드는 그 힘!

신 창작동요를 듣는 느낌이다.

따라 불러보자.

"따끈따끈한 두부."

"따끈따끈한 순두부."

"아줌마 두부!"

박꽃 폈나 봐라

용인 민속촌에 갔을 때다. 무척 더운 날이라, 시원한 정자를 찾아 앉아서 마냥 쉬었다. 대청이와 은결이는 더위를 모르는지 흙장난에 바쁘다. 아내가 말했다.

"어디든 많이 가볼 필요가 있네."

"무슨 뜻이지?"

"민속촌에 하두 많이 와서, 뭐 궁금한 것도 없으니까 이리저리 정신없이 돌아다니지 않아도 되고, 이렇게 앉아서 그늘이나 즐길 수 있으니까."

"맞는 말이다. 이렇게 정자에서 죽칠 수 있는 마음의 여유가 바로 이민속촌을 제대로 즐기는 방법이야."

건듯건듯 사물들을 보고 지나가는 사람들을 보면서, 우리는 자기 만족감에 취했다. 민속촌의 참맛을 느끼고 있다는 기쁨도 함께 가지면서 말이다. 대청이와 은결이도 흙장난을 실컷 하는 것이 낫지, 다리 아프게 건물들이나 보러 다니고 싶지는 않으리라.

정자에서 실풋 잠이 들기도 하다가 약간 지루해질 때쯤 우리는 길을

나섰다. 마치 마실을 가듯이. 벌써 시간은 저녁 6시가 다 되었다. 다리
를 건너 제주도 민가를 만들어놓은 곳으로 갔다. 우리는 모두 신발과
양말을 벗고 맨발로 걸었다. 장마가 졌을 때 흘러내렸음직한 작은 물길
이 땅바닥 곳곳에 있다. 물이 마르고 고운 모래로 길이 나 있다. 부드러
운 감촉. 다섯 살 은결이가 아아아! 탄성을 지르며 좋아한다. 마침 한
민가에서 할머니가 다림질을 하고 있다. 우리는 툇마루에 걸터앉아 할
머니의 다림질을 구경했다. 옛날 인두와 옛날 다리미를 쓰고 있다. 더
운 여름날, 화로를 놓고 얼마나 더울까. 그러나 할머니의 이마에 땀은
보이지 않았다. 앞뒤로 맞바람이 잘 불어서인가.

대청이와 은결이는 마당 한켠에 심어놓은 봉숭아, 맨드라미, 채송화
꽃밭에서 벌을 쫓아다닌다. 그러다가 뭘 보았는지 대청이가 급하게 나
를 불렀다.

"아빠, 빨리 이리 와봐."

개미집이었다. 개미가 구멍을 열 개도 넘게 뿅뿅 뚫어놓았다. 왕개미
들이 쉬임없이 구멍을 들락거린다. 대청이는 개미집을 바라보느라 요
리조리 자리를 옮겨 앉고, 은결이는 고운 모래와 진흙으로 두덩을 만드
느라 짬이 없다. 장독대 옆에서 담배를 피고 있던 나를 아내가 불렀다.

"저 지붕 좀 봐."

박 넝쿨이었다.

"우리 박꽃 피는 것 보고 가자."

"박꽃이 언제 피는데?"

아내가 놀라는 얼굴이었다.

"어머, 그걸 몰라? 박꽃은 밤에 피는 거야. 어머머."

그때 다림질을 하던 할머니가 말참례를 했다.

"박꽃은 저녁에 피기 시작하지요. 옛말에 '아가, 박꽃 폈나 봐라' 하는 말이 있지요."

"무슨 뜻이에요? 할머니?"

아내의 물음에 할머니는 빙그레 웃으며 대답했다.

"박꽃 피는 때에 맞추어 저녁을 하니깐."

할머니의 대답을 듣던 중 뭔가 뭉클한 그리움 같은 것이 가슴을 쳤다. 이 뭉클한 그리움의 정체는 뭘까? 아내도 나와 같은 심정인가 보다. 지붕 위의 박꽃을 보는 눈길이 한결 따사롭다. 오무렸던 박꽃송이의 끝이 조금 벌어지려하고 있다.

어린 날, 늘 지붕 위에 박꽃을 이고 살았으면서도. 지금 듣는 '박꽃 폈나 봐라'는 말이, 도시에서 20년을 살고 난 지금 이렇게 그리운 것은? 자연을 잃어버린 서글픔 때문이었을까? 시간도 자연의 때에 맞추어 살았던 우리네의 삶을 이제는 모두 잃어간다. 우리가 자연을 버림으로써 자연도 우리를 버린다. 한밤중 제삿밥 지을 시간을 오줌 마려운 것으로 가늠했다는 젊은 며느리의 이야기인 권정생의 수필, 〈제 오줌이 대중합니다〉의 세계가 다시금 생각나는 날이었다.

새로 주문한 책

새로 주문한 책 30권이 왔다.
아이들이 환호성을 지른다.
"선생님, 방학 때 빌려주실 거죠?"
책을 책상 위에 올려놓으니
아이들이 우르르 달려 나와서 읽고 싶은 책을 골라 간다.
나도 책을 하나 골랐다.
우리 모두 만족스런 얼굴로 엷은 웃음까지 머금고 책을 본다.
이렇게 두어 시간은 책을 읽으며 보내기로 했다.

오랜만이다, 아이들아!

8월 27일 월요일 | 찜통이다.

이건 비가 오는 것도 아니고 해가 뜨는 것도 아녀!

올해 이상한 여름 날씨를 누군가 개그맨 흉내를 내서 이렇게 말했다. 정말 그렇다. 오늘도 하늘이 시커매서 금방 비가 오지게 쏟아지다가 또 금방 해가 바짝 떴다. 그러기를 여러 차례. 습기는 온 하늘에 가득 차고, 숨이 턱턱 막힌다.

개학인데, 날씨는 시원해질 줄을 모른다. 아이들과 방학 때 있었던 이야기를 나눴다. 남한강 이백 리를 걸은 혜주와 소희의 이야기, 중국 땅과 백두산을 9일간 다녀온 승비의 이야기, 축지법을 익히느라 날마다 2킬로미터를 달린 광호의 이야기, 할머니랑 외숙모랑 고추 따고, 애기 보느라 아무 데도 못간 소라의 이야기. 많은 이야기 가운데, 승용이의 이야기가 재미있게 남는다. 승용이가 한 이야기를 그대로 옮겨 적어보자. 최대한 빠뜨리지 말고, 잘 기록해보자.

"축구를 했어요. 상길이 형이랑, 현호 형이랑 했어요. 먼저 상길이 형이 문지기를 하고 현호 형이 슛을 했어요. 상길이 형이 잘 막았죠. 그런데 현호 형이 똥볼을 차 가지고 공이 울타리를 넘어갔어요."

"어디 울타리 말이야? 사택 있는 곳? 아니면 교회 있는 곳?"

"아뇨. 저기 원두막 뒤에 산으로요. 거기는 더럽잖아요."

"더럽다기보다는 어설프지."

"아뇨. 복잡하지요. 풀도 많고 나무도 많고요."

"어쨌든 그래서?"

"공이 그리로 갔는데, 상길이 형을 저를 봐요. 보더니 아주 환하게 웃어요. 정말 환하게요. 웃으면서 저에게 공을 갖고 오래요. 저는 싫다고, 공 안 가져오겠다고 말하려 했는데, 상길이 형이 너무 환하게 웃으면서 "승용아, 난 너를 믿어!" 하고 말하잖아요. 그래서 차마 싫다고 말을 못하고 공을 가지러 갔어요. 풀에 끄질리고, 나뭇가지에 긁히면서 공을 찾고 있는데, 운동장에서는 공 차는 소리가 들리잖아요."

"공 차는 소리가 들려?"

"공이 두 개였거든요."

"뭐야? 그럼 널 공 갖고 오라고 시키고 두 형들은 공을 차고 놀았단 말이야?"

"예. 좀 짜증이 났지만, 전 공을 찾아 갖고 왔어요. 공을 갖다놓고 구경을 하고 섰는데, 현호 형이 찬 공이 또 울타리를 넘어가는 거에요. 상길이 형이 저를 또 봐요. 저는 못본 체했어요. 그런데 상길이 형이 저한테 다가오는 거예요. 아주 가까이요. 공을 주워 오라고 하기만 하면 나는 '싫다!'고 말하려고 잔뜩 벼르고 있었지요. 아, 그런데, 참 내. 상길이 형이 저를 꼭 끌어안는 거예요. 끌어안고 진짜루 환하게 웃으면서 말하는 거에요. '승용아 형은 너를 믿어!' "

"야, 그래서 또 주우러 갔어?"

"그럼, 어떡해요. 또 주우러 갔죠. 공을 주워 왔더니, 이번엔 저보고 숫을 하래요. 문지기는 현호 형이었어요."

"상길이 형은?"

"옆에서 구경했어요. 내가 한 숫 세 개를 현호 형이 다 막았어요. 이 번엔 상길이 형이 문지기를 했어요. 상길이 형은 두 개를 막고, 내가 마 지막 한 개를 찼는데 그만 똥볼이 되었어요. 공이 또 울타리를 넘어갔 어요. 나는 그냥 가만히 서 있었어요. 이젠 정말 공을 주우러 가기 싫었 거든요. 상길이형이 나를 힐끔 보더니, 울타리 쪽으로 가요. 나는 형이 공을 주우러 가는 줄 알았어요. 그런데 아니었어요. 상길이 형은 웃웃 을 벗어서 울타리에 걸고는, 돌아서서 '승용아 공 주우러 안 가?' 이 러는 거예요. 나는 대번에 '싫어 형, 난 두 번이나 주워 왔잖아. 이번엔 형들이 주워 와.' 하고 소리쳤지요."

"호, 그랬더니?"

"상길이 형이 킬킬 웃어요. 현호 형도 킬킬 웃고요. 한참 웃다가, 상 길이 형이, '에이, 승용아 왜 그래? 삼세 번 모르냐? 삼세 번? 이왕 한 김에 세 번까지만 주워 와라. 응? 승용아?' 하면서 아주 애절한 눈빛 으로 절 보잖아요."

"그래서?"

"할 수 없이 또 주우러 갔지요. 공을 주워 오는데, 두 형들이 뭘 하고 있었는지 아세요? 웃통을 다 벗고 장난치면서 등목을 하고 있는 거에요. 정말 시원해 보였어요. 그래서 나도 달려갔지요. 이미 상길이 형은 현호 형이 등목을 해줬고, 상길이 형이 현호 형 등목을 시켜주고 있었는데, 호스로 등에 물을 뿜어주다가 갑자기 반바지 있죠. 반바지 허리를 확 잡아당겨서 벌리고는 그 속에 호스를 집어넣은 거에요. 현호 형 엉덩이 쪽에 호스를 넣다가 앞 쪽에도 넣었죠. 현호 형이 팔딱팔딱 뛰었어요. 상길이 형이 호스를 놓고 도망을 치는데, 현호 형은 바지가 물을 잔뜩 먹어서 제대로 뛰지도 못하고 어기적어기적 뛰어가는데 얼마나 웃겼는지 몰라요. 두 형이 서로 다투는 바람에 저는 등목도 못했어요. 등목을 혼자 할 수는 없잖아요. 등목도 못하고 또 축구를 했지요. 이번엔 제가 문지기를 했어요. 저를 문지기 시켜놓고 두 형이 내기를 건거에요. 세 개씩 차서 골을 적게 넣는 사람이 지기로요. 저는 다 빵점을 만들겠다고 각오를 단단히 하고 골대에 가서 섰지요. 먼저 현호 형이 찼어요. 한 개는 막고 한 개는 못 막아서 골, 그리고 한 개는 빗나갔어요. 다음은 상길이 형. 한 개는 두 주먹을 꽉 붙여서 막았는데, 아우, 주먹이 다 얼얼했어요. 상길이 형 공이 보기보다 쎄요. 내가 공을 막으니까, 상길이 형이 에잇! 하고 소리를 지르더니 두 번째는 더 쎄게 찼어요. 공이 정면으로 오길래 이번에도 두 주먹으로 막으려 했는데, 생각보다 공이 낮게 왔어요. 그만 아랫배에 정통으로 맞고 말았죠. 저는 숨이 콱 막히는 느낌이 들면서 앞으로 고꾸라졌어요. 아파서 끙끙대고 있는데 두 형이 달려왔어요. 오더니 '괜찮니? 괜찮아?' 하면서 내 배를 문지르고 등도 문지르고 하다가 두 형이 저를 들고 갔어요."

"들고 가다니? 어떻게?"

"현호형은 어깨를 들고, 상길이형은 다리를 들고요."

"들고 어디를 가?"

"수돗가로요. 수돗가에 가더니 저에게 물을 뿜는 거에요."

"옷은?"

"옷은 입은 채 그대로요. 그냥 온 몸에 물을 뿌려서, 등목이 아니라 온 몸 목욕을 했어요. 그러고 나서 또 축구를 했지요. 축구를 하다가….."

"이제 그만, 밥 먹으러 가요!"

승용이 말이 계속 이어지니까, 혜주가 지루해하다가 소리쳤다. 시계를 보니 12시 15분이다. 다른 아이들도 밥 먹으러 가자고 아우성이다. 승용이 놈이 히죽 웃으며 나를 본다. 내가 한마디 했다.

"그래, 밥 먹으러 가자. 축구를 하더래두 밥 먹고 하자."

이렇게 한 달 만에 아이들과의 만남이 새로 시작되었다.

아이들이 있어, 세상은 아름답다

8월 28일 화요일 | 여전히 찜통. 올 여름은 진짜루 덥다.

어제는 개학날이었다. 어제 아침에 학교에 도착했을 때 일이 지금 불현듯 생각이 난다. 한 달간 방학을 하느라 만나지 못한 아이들을 다시 만난다는 조금은 설레지만, 더 많이 마음이 부담스러운 날이 개학날이다. 오죽하면 교사들이 개학병을 앓을까. 어떤 예민한 교사는 개학일을 며칠 앞두고는 신경성 위염을 호소하기도 한다.

다소 자유롭게 생활하다가, 다시 아이들과 씨름해야 하는 부담. 수업과 자잘한 잡무에 대한 부담 등으로 조금은 무거운 맘으로 학교에 도착했다. 내 차를 보고 여기저기서 "안녕하세요?" 하고 녀석들이 소리를 지른다. 까맣게 탄 얼굴들. 이빨을 다 드러내고 환하게 웃는 녀석들. 얼른 차를 세우고 내렸다. 아이들의 웃는 얼굴과 쾌활한 인사 소리에 무거운 마음은 이미 어디론가 달아나버렸다.

차에서 내려 몇 걸음 걷기도 전에 몇 녀석이 달려왔다. 달려온 녀석은 그대로 내 아랫배를 파고들어 허리를 끌어안는다. 1학년 박민성이다. 나도 마주 안아주었다. 그러자 역시 1학년 윤준식이란 놈이 질세라 내 옆구리를 파고들었다. 나는 녀석들을 마주 끌어안으며 그만 감동하고 말았다. 개학날이라고 가졌던 몇몇 부담들이 한마디로 우스워졌다.

교무실까지 걸어가는 동안, 2학년 철규, 2학년 지혜, 4학년 보나, 현진이, 광성이를 만났다. 녀석들이 얼마나 씩씩하고 밝게 인사를 하는지 그저 행복했다. 3학년 한규 놈은, 나에게 던진 첫마디가 이랬다.

"선생님, 오늘 민속놀이 해요?"

오늘이 월요일이었던 것이다. 한규는 오늘이 개학날보다는 민속놀이가 있는 월요일로 기억한 것이다. 4,5,6학년 형, 누나들과 함께하는 민속놀이. 하지만 나는 아니라고 고개를 흔들 수밖에 없었다.

"한규야. 오늘은 안 해. 개학날이잖니?"

"예."

별 섭섭함도 없이 한규는 씩씩하게 대답하고 뛰어갔다. 결국, 한규놈은 민속놀이를 하지 않을 줄 알고 있었지만, 혹시나 하고 한번 물어본 것이었다.

점심 먹을 때 3학년 주희가 편지를 줬다. 두 장이다. 8월 13일과 8월 15일에 쓴 편지다. 8월 13일의 편지 내용은 이렇다. 주희가 연필로 쓴 그대로 옮겨 적는다.

6학년선생님너무너무건강하세요
6학년선생님아주아주건강하세요
6학년선생님너무너무사랑해요
6학년선생님아주아주사랑해요

6학년선생님아주아주좋아해요

6학년선생님고마습니다

6학년선생님감사합니다

6학년선생님나주희이예요

6학년선생님주희집에올때은경이언니랑가치오세요

6학년선생님♡

2007년8월13일월요일주희가

　여기서 '은경이언니'는 내 딸인 4학년 '은결이'를 말한다. 8월 15일의 편지는 내용이 대동소이한데 글의 순서가 좀 바뀌고, '6학년선생님'이 모두 '장주식선생님'으로 바뀌었다. 점심 먹고 교무실에서 주희 편지를 들고 자랑을 했더니, 김미정 선생과 임명숙 선생이 모두 주희가 준 편지를 들어 보이며 "우리도 있다네요." 하고 클클클 웃어서 우세를 당했다. 그러나 저러나 다 같이 기분좋게 한바탕 웃었다. 주희는 특수반에서 생활한다. 어머니의 지극한 보살핌과 특수반 김미현 선생의 따스한 보살핌에 힘 입어 늘 밝은 얼굴이고 목소리에는 생동감이 넘친다.
　아이들이 있어 정말이지, 세상은 아름답다.

우기

8월 29일 수요일 | 아침부터 비. 충청 이남엔 폭우가 쏟아진다고 한다.

이제 우리 나라도 장마라는 말 대신에 '우기雨期'라는 말을 도입해야 한다고 기상청에서 검토를 시작했단다. 사람들마다 고개를 끄덕인다. 우기로 설정을 하면 어마어마한 예산 증가가 있어야 된다고 한다. 수해 방지를 위한 모든 시스템이 장마보다 훨씬 긴 기간 동안 작동돼야 하니, 예산 증가는 맞는 말이다.

국가도 방비를 잘해야겠지만, 개인도 문제가 보통이 아닐 듯하다. 우리 나라의 모든 건축물이나 하수 정비가 온대 지역에 맞게 설정이 되어 있는 까닭이다. 이제 완전히 아열대 기후로 편성이 되면 온대 기후에 맞는 건축물이 견딜 수 있을지, 하수로가 견딜 수 있을지도 의문이다.

한반도에선 겨울도 사라진다고 한다. 지구가 한번 크게 몸을 뒤채일 모양이다. 지구의 몸 뒤채임에 어떤 변화가 올지 알 수 없다. 과연 어떤 생물이 생을 이어가고 어떤 생물이 생을 마감할지도. 아직 아무도 모르는 일이다. 다만 지구의 생명에 가장 많은 해독을 끼치고 있다고 알려진 '인류人類'는 어떤 변화를 겪을지가 궁금하다. 아마 가장 큰 벌이나 받지 않을지.

사랑인가 우정인가!

8월 30일 목요일 | 간간이 비 내린다. 아이들 입에서 '춥다'는 말이 나오다.

가만히 앉아 있어도 목 뒤로 땀줄기가 줄줄 흘러내리던 날이 이틀 전이었다. 그러던 것이 어제 하루 종일 비가 내리더니, 밤에는 방바닥이 차서 보일러를 틀어야 했다. 오늘 아침엔 아이들이 춥다고 하면서, 어떤 녀석은 얇은 잠바를 껴입을 정도였다.

쌀쌀한 날씨에 바라보는 선풍기와 에어컨. 쓸쓸하고 허무한 그 무엇. 교실 뒤편에 입을 꾹 다물고 선 에어컨, 한창 전성기를 지난 영화배우 같다.

1학년짜리 준식이와 3학년짜리 주희가 사귄다고 학교에 소문이 파다하다. 주희가 작은 구슬을 꿰어 만든 커플링반지를 만들어 준식이에게 줬다는 것. 준식이도 주희도 그걸 자랑삼아 얘기하고 다닌다. 준식이와 주희가 주로 만나는 곳은 도서실 겸 식당 겸 강당으로 쓰는 다목적실이다. 아침마다 둘이 나란히 앉아 책을 본다. 오늘 아침엔, 2학년과 1학년 아이들이 꽃망울이 터지듯 사방으로 날아다녔다.

다목적실에서 1학년 교실로, 현관으로 교무실 앞으로 오가면서 깔깔깔 웃어댔다. 대부분 다목적실에 나란히 앉은 준식이와 주희를 훔쳐

보고선, 뒤돌아서 뛰어오며 웃어대는 몸짓이다. 아이들이 그러는 것이 재미있는지, 준식이와 주희는 온 얼굴에 웃음을 가득 머금고 나란히 다목적실을 걸어 나왔다. 여러 아이들이 두 녀석을 애워싸고 함께 걸어다녔다.

사귀는 게 좋긴 좋은 모양이다. 까마귀가 할배요 하고 말하던 준식이 손이 말끔해지고 있다. 아까도 화장실에서 비누칠해서 손을 씻는 준식이를 봤다. 그 놈 참!

연극놀이

9월 4일 화요일 | 흐림.

아이들이 연극놀이를 한다. 문광부 지원으로 수원에서 연극 선생님이 오신다. 대학에서 연극과 연출을 전공했다는 처녀 선생님인데, 내가 우스개로 "그러니까, 비정규직인 셈이네요?" 했더니, 그 선생님은 "아니죠. 프리랜서예요." 하고 내 말을 정정했다. 비정규직은 정규직을 소망했으나, 되지 않은 것이고 프리랜서는 애초에 정규직을 원하지 않으며 시간을 자유롭게 쓰면서 자신의 전공을 활용하는 일을 하는 사람이라고 설명을 덧붙였다. 설명을 듣고보니 맞는 말이었다. 더불어 얼마 전에 씨네21의 〈유토피아 디스토피아〉 란에 실린 고경태 기자의 글이 생각났다. 고 기자는 프리랜서 기자가 절실하게 필요하다고 말했다. 월급쟁이가 아니라 기자로서의 사명감으로 똘똘 뭉친 기자. 말하자면 전쟁터를 누비며 사진을 찍다가 죽은 '로버트 카파' 같은 기자. 그런데 월급을 고정적으로 받지 않으면 살 수가 없으니, 프리랜서 기자에겐 월급을 상회하는 충분한 보수도 뒤따라야 한다는 것.

정말, 월급이나 바라고 대충 시간을 때우는 일은 얼마나 비생산적인가? 교직도 프리랜서화할 수 없을까? 하긴 그런 이야기도 있기는 있는 모양이다. 근무 시간의 반만 근무하고 월급도 반만 받아가는 무슨 제도를 누군가 시도하고 있다는 이야기도 들리는데, 믿을 수가 없다. 우리나라의 제도라는 게 늘 이리저리 비틀어지고 왜곡되어 꼭 이상한 흉물로 만들어져 나타나는 걸 너무 많이 봤기 때문이다. 교직의 프리랜서화라는 논의는 자칫 교직의 비정규직화를 호시탐탐 노리는 신자유주의자들에게 좋은 빌미나 제공하고 말겠지.

오늘 연극놀이는 '모방하기'였다. 모둠을 나누어 짧은 시간 동안에 옷이나, 액세서리, 기타 여러 가지를 바꾸고 바뀐 것을 맞추는 놀이다. 세심한 관찰력을 기르는 데 아주 그만인 놀이다. 놀이 자체도 재미있다. 1주일에 한 번 하는 연극놀이를 아이들은 무척 기다린다.

이상 기후

9월 6일 목요일 | 줄기차게 비. 빗줄기는 점점 굵어지기만 한다.

아이들 입에서 원성이 터져나온다.

"으아. 또 비야."

드디어 아이들 일기에도 비에 대한 원망이 나타나기 시작했다. 축구도 못하고, 체육도 못하고, 밖에서 놀지도 못하고, 운동회 연습도 못하고….

하지만 아이들은 아이들이다. 비에 대하여 원망 일색인 것은 아니다. 비, 또 비, 또또 비가 내려서 밖에 나가지는 못하지만, 대신 교실 안에서 노느라 좀더 아이들과 친해져서 좋다는 거다. 특히 남자 여자가 더 많이 친해져서 좋다고 소희는 말했다. 고개가 끄덕여진다. 광호와 승용이는 틈만 나면 운동장에서 노느라 실내에선 보기 어려웠는데 요즘은 실내에서 많이 논다. 깔개 위에서 서로 무릎을 맞대고 놀다보면 없던 정도 생기게 마련이니, 소희의 말인즉슨 맞는 말이다.

그렇더라도 비가 와도 참 너무 많이 온다. 이상 기후의 징조를 환하게 보고 느끼는 중이다. 어쩌면 과학자들의 생각보다 더 빨리 지구에 재앙이 닥쳐올지도 모르겠다. 아침에 밥을 먹다가 식구들과 나눈 이야기가 생각난다.

"이상 기후가 확실하군." 하는 내 말에 은결이가 "이상 기후가 뭐야?" 하고 물었는데 아내가 대답하기를 "날씨가 이상하게 바뀌는 거야. 이제 우리 나라도 기후가 반반일 거래. 1년의 반은 우기雨期고 반은 건기乾期고 말이야." 하니까 은결이가 또 물었다.

"우기는 뭐고 건기는 뭐야?"

"우기는 계속 비가 오는 거고, 건기는 그 반대지. 아, 저기 동남아에선 우기엔 바지를 걷고 학교에 간대. 온통 물 천지라서."

"그래?"

"응. 건기 때는 그냥 길이었는데 우기 때는 물에 잠긴다고 해."

바로 그때 은결이가 숟가락을 놓고 울상을 하며 소리쳤다.

"어떡해? 싫어!"

"에헤이, 은결이 또 '기우杞憂' 한다. 기우."

기우는 고사성어라 어려운 낱말이지만 언젠가 내가 설명을 해줬기 때문에 은결이는 그 뜻을 잘 알고 있다. 내가 놀리듯 하는 말에 은결이가 새침한 얼굴로 울먹이려고 한다. 그때 아내가 은결이 편을 든다.

"기우는 무슨. 은결이 걱정이 맞는 거지. 우리야 많이 살았으니까 기후가 변해도 그러려니 할 수 있지만, 애들은 어디 그래. 이제 앞으로 살 날이 창창하고 미래에 대한 온갖 희망에 부풀어 있는데 이상 기후가 와봐…."

"맞아. 엄마. 우기 같은 거 정말 싫어. 옷도 많이 샀는데 그것도 못 입잖아. 봄도 있고 가을도 있고 겨울도 있고 그래야지."

"눈사람도 만들고 말이지?"

내 말에 은결이가 고개를 끄덕였다.

그 아침 이후로 오후 네시가 되어가는 지금도 비는 줄기차게 내린다. 빗발은 점점 굵어지기만 한다. 제주도에선 며칠 사이에 오백 밀리에 가까운 강우량을 보이고 있다 한다. 밭에서는 모종을 한 김장배추가 노랗게 녹아서 없어지고 있다. 이제 김장하는 풍속도 변해가려나? 쉴없이 쏟아지는 빗발을 바라보자니, 어째 씁쓸하다.

소통

9월 12일 수요일 | 해는 떴는데, 안개가 자욱하다.

책읽기 시간에 『몽실 언니』를 읽었다. 읽기 전에 책을 들어 보이며 "이 책, 읽어 본 사람?" 하고 물었는데, 뜻밖에도 단 2명만 손을 들었다. 5학년 예은이와 4학년 동효였다. 예은이는 실제로 책 내용을 읽었고, 동효는 책 표지만 봤다고 했다. 3,4,5,6학년 스물일곱 명 중에 결국 단 한 사람만이 『몽실 언니』를 읽은 셈이다. 그래서 내가 아이들에게 말했다.

"『몽실 언니』는 좋은 책이고 되게 유명해. 너희들 『강아지똥』이란 책 알지, 그거 읽어 본 사람?"

"저요, 저요!"

모든 아이들이 손을 들었다. 3학년 지혜까지 손을 들었다. 5학년 한영이는 "그거 애니메이션도 봤어요." 한다. 내가 웃으며 말했다.

"좋아. 그 『강아지똥』을 권정생 선생님이 쓰셨지. 이 『몽실 언니』도 그 선생님이 쓰신 거야."

아이들의 눈빛이 조금 살아난다. 그쯤 해 두고 나는 책을 읽기 시작했다. 분량이 꽤 많아 30분 가량을 읽었는데도 1장을 다 읽지 못했다. 1장은 몽실이가 아무 영문도 모른 체, 어머니 밀양 댁의 손에 이끌려 새 아

211

버지 김 주사네 집으로 가는 내용이다.

그런데 아이들의 집중도가 오래 가지 못한다. 지난번 『좋은 엄마 학원』을 읽을 때는 35분이 언제 지나갔는지 모를 정도로 아이들이 이야기에 빠져들었고, 덩달아 나도 읽는 재미가 쏠쏠했었다. 오늘은 아이들이 많이 흐트러진다. 4학년 한규는 오줌 마렵다고 난리고, 3학년 민욱이와 철규는 이쑤시개를 가지고 장난을 친다. 심지어 6학년과 5학년 아이들 두 명까지 딴 짓을 한다.

나도 그만 읽을 맛이 뚝 떨어진다. 그래서 몽실이와 밀양 댁이 새 아버지인 김 주사를 따라 산 고개를 넘어가는 장면에서 읽기를 멈추고, 아이들에게 물었다.

"애들아 재미없니?"

"아니요." 하는 대답이 크게 들리는 가운데, "예."라는 대답도 조금 들린다. 이런! 다소 실망이다. 그러나 "아니요." 하는 대답이 더 많았기에, 나는 마음을 다 잡고 다시 읽어 나갔다. 그리고 이렇게 말했다.

"긴 이야기의 처음 부분이라 좀 지루할 수도 있다. 긴 이야기는 마음을 느긋하게 먹고 들어야 한다."

이야기의 배경이 60여 년 전이라, 묘사되는 풍경이나 사물이 요즘과는 많이 다르다. 그래서 아이들의 주의를 확 잡아당기지 못하는 것일까? 아쉬운 마음이 크다. 1장을 다 읽고 나니 시간이 한 5분 남았다. 2장을 읽으려다 말고 아이들의 이야기를 들어 보았다.

"좀 슬퍼요." – 보나.

"동생이 죽었다는 부분이 느낌이 탁 와요." – 지성.

몽실의 친동생 종호가 시름시름 앓다가 죽었다는 내용은 1장이 시작되기 전 프롤로그 부분에서 한 문장 정도로 표현된다. 결국 이 프롤로그의 한 문장이 1장 전체의 이야기보다 아이들에게 더 크게 다가왔다는 뜻이 된다.

"이 책은 모두 23장이야. 오늘은 겨우 1장 읽었고. 이걸 언제 다 읽지?"

"와!"

"1년은 걸리겠다!"

아이들이 탄성을 지른다.

"이 책을 다음 주에도 읽을까 말까?"

"읽어요!"

아이들이 합창을 한다. 뜻밖이다. 처음 읽기 시작할 때에는 별로 재미가 없다는 표정을 지으며 몸을 뒤틀던 아이들이 많았는데 이야기가 어느 정도 진행되니 호응이 아주 좋아졌다. 이런 게 권정생 선생님의 저력인가 하는 생각도 들었다. 어쨌든 나는 기분이 좋아져서, "좋다. 다음 주에도 이어서 읽도록 하겠다." 하고 말하고 아이들과 함께 운동장으로 나갔다. 그러면서 든 생각이 '소통'의 문제였다.

오래 전의 이야기라 작품의 배경이 되는 문화나 이야기의 중심 사건들이 어린 독자들에게는 많이 생소할 텐데도, 작가와 어린 독자들은 세월을 건너뛰어 서로 잘 '소통'하고 있다. 이 '소통'을 가능하게 하는 것은 무엇일까? 사람의 '원시 심성'을 자극하는 그 무엇이 권정생 선생님의 문학작품에 녹아 있는 것일까? 작품 하나에도 생각거리가 많다.

내가 부르자, 넌 나에게로 와서…

9월 18일 화요일 | 아침부터 비. 12호 태풍 '위파'가 북상 중이다.

아침에 승비가 알밤 때문에 울었다. 둘째 시간, 읽기 공부를 할 때였다. 설명하는 글의 짜임을 공부하느라, 글을 요약하고 있었다. 나는 아이들 사이를 돌아다니며 잘 요약하는지 살펴보고 있었는데, 승비 곁을 지나는데, 갑자기 알밤 한 톨이 툭 떨어지더니 또르르 굴렀다. 굴러서 축열식 난로 밑으로 들어가려 했다. 나는 얼른 따라가 밤을 잡았다. 얼핏 보기에도 밤은 동글동글 아주 예뻤다. 알밤에는 아직 온기가 남아 있었다. 승비 녀석이 계속 손으로 꼭 쥐고 있었던 모양이었다.

왜 그랬는지 모르지만, 불현듯 고 알밤이 먹고 싶었다. 난 승비에게 물어보지도 않고 밤의 껍질을 깠다.

"주세…."

내가 밤 껍질을 입으로 물어뜯었을 때, 승비는 말을 하려다 멈추었다. 분명 "주세요." 하고 말하려다가 그만 둔 듯했다. 나는 계속 껍질을 까는 일에 열중하느라 승비의 표정을 볼 새가 없었다.

겉 껍질을 까고, 속 껍질까지 손톱으로 밀어서 벗긴 다음 밤알을 반뚝 잘라서 바각거리고 씹으면서 흐뭇한 얼굴로 아이들을 보는데, 소라

214

가 소리쳤다.

"선생님, 승비 좀 보세요. 엎드려 있잖아요. 그걸 잡수시면 어떡해요. 승비가 아끼던 건데."

"으잉?"

난 당황해서 승비를 보았다. 승비는 왼쪽 볼을 책상에 대고 엎드려 있다.

"승비야, 미안하다. 야. 이거 아끼던 거였어? 몰랐어. 아이구 미안해서 어쩌냐?"

그러면서 나는 손에 들고 있던 반쪽마저 얼른 입에 넣고 다 씹어 먹었다.

"승비야. 밤이 참 예쁘긴 했어. 너무 맛있게 생겨서 그만, 먹고 말았다. 그렇다고 우는 건 아니지? 승비야 고개 들어봐."

승비는 고개를 들지 않았다. 대신 혜주가 항의를 했다.

"선생님, 그렇게 말씀하시면 승비가 진짜 울어요."

"왜?"

"자꾸 슬프게 말씀하시잖아요. 밤이 예쁘다고…."

그때였다. 승비 맞은 편에 앉아 있던 소라가 소리쳤다.

"승비 울어요. 에이, 선생님 때문에 승비 울잖아요!"

그랬다. 녀석은 진짜 울고 있었다. 눈물 방울이 안경 밑으로 뚝뚝 떨어지고 있었다. 방울이 너무 굵었다. 참 녀석도. 나는 웃음이 나왔다. 혜주가 벌떡 일어서더니, 승비에게 달려갔다.

"야, 임승똥! 이 밤 너 줄게. 울지 마."

승똥이는 승비 별명이다. 혜주는 내가 먹은 것보다 훨씬 굵은 알밤을 승비 책상 위에 올려놓았다.

"그래 승똥아. 울지 마라. 응? 선생님이 미안해, 응?"

나도 달래고 아이들도 달랬다. 그러자 승똥이 녀석이 혜주가 준 알밤을 손으로 슬며시 끌어당겼다.

학교 울타리에 지천으로 널린 게 알밤이다. 잠깐만 밤나무 밑에 가서 다니면 주머니 불룩하게 알밤을 주울 수 있다. 하지만 손으로 만지작거리던 그 밤알 하나가 그렇게 사랑스러웠나보다. 이것도 일종의 교감이리라. 왜, 이런 시 있지 않은가?

내가 불러 주기 전에
너는 하나의 몸짓에 불과했다
내가 부르자
넌 나에게로 와서
꽃이 되었다
…

운동회

9월 27일 목요일 | 새벽에 비 오다 갠 뒤 온종일 흐리다. 바람이 무척 시원하다.

21일에 운동회를 했다. 운동회가 끝나고 뒤풀이도 하고, 담 날부터 바로 추석 연휴를 보내느라 운동회 일기를 쓰지 못했다.

우리 학교는 전교생 39명의 분교여서, 아침부터 하루 종일 운동회를 진행하려면 학부모들이 많은 경기에 참여해야 한다. 그래서 프로그램을 정할 때부터 학부모들과 의논을 했다. 학부모 대표인 학교 체육진흥회장과 어머니회장 그리고 학교 운영위원을 초청하여 선생님들과 같이 의논을 했다.

의논 끝에 순수하게 학부모만 하는 경기 다섯, 아이들과 학부모가 같이 하는 경기 둘, 아직 학교에 들어오지 않은 영유아 경기 하나를 결정하고, 순수하게 아이들만 하는 경기를 10개로 구성했다. 운동회 때는 아이들이 다니는 8개 리의 주민이 많이 참여한다. 특히 할머니 할아버지들이 많이 오시기 때문에 8개 리의 이장님들이 신경을 많이 쓰시는 편이다. 그래서 어머니회에서는 할머니 할아버지들을 위해 음식을 준비하기로 했는데, 하는 김에 아이들 점심까지 다 준비하기로 했다. 점심 때 나온 음식을 보니까, 미역국, 보쌈, 밥, 김밥을 기본으로 해서. 떡과 식혜가 골고루 나왔다. 특히 식혜는 음료수를 대신한 마실 것으로서 우리 학교의 자랑이라 할 만하다. 아이들에게 인스턴트 식품을 가능하면 못 먹게 하고 아울러 과자와 음료수를 먹고 마시지 말도록 몇 년간 가르쳐왔다. 덕분에 우리 학교 교내에선 과자봉지를 보기가 어렵다. 물론 음료수 캔도 마찬가지다. 운동회나 소풍 때는 아이들이 과자나 음료수를 좀 먹으면 어떻겠느냐는 일부 학부모의 의견도 있었지만, 선생님들이 강력하게 반대 의견을 내놓아 학부모들이 수긍을 하고, 이번 운동회 때도 식혜를 많이 담아 왔다. 얼음을 둥둥 띄운 식혜는 그 어떤 탄산음료보다도 나았다.

아빠들도 술 대신에 상황버섯차를 마셨다. 아빠들은 거의 모든 경기에 준비물을 담당했다. 장애물 경기에서 여러 장애물을 아빠들이 지키고 서서 관리를 했는데, 특별히 장화를 맡은 동효 아빠와 수진이 아빠는 땀을 뻘뻘 흘렸다. 마지막 장애물인 장화는 결승선과 약 10미터 거리였는데, 아이들이 신고 간 장화를 벗겨서 장화를 양손에 들고 다시 10미터를 되돌아 뛰어와서 제자리에 놓아야 했다. 얼굴이 벌겋게 달아올라서 부지런히 왕복달리기를 한 두 아빠에게 경기가 끝난 뒤 "힘드셨죠?" 하고 물었더니 "뭘요. 재미있기만 한데요." 하고 씩씩 웃었다. 바구니 터뜨리기를 할 때 장대를 들고 있던 보나 아빠와 민욱이 아빠는 콩주머니에 얼굴을 두어 방 얻어맞기도 했다.

아이들은 정말 지치지 않는다. 힘이 무진장 끝도 없이 샘솟았다. 무려 열한 경기를 거의 쉴 새 없이 참여하면서도 힘들다고 중간에 포기하는 아이는 단 한 명도 없었다. 우선 달리기만 해도 개인달리기, 장애물

달리기, 전체 이어달리기, 3개였으며 마을 이어달리기에 선수로 나간 아이는 운동장을 네 바퀴나 전력으로 질주를 한 셈이다. 거기에다가, 닭씨름, 줄다리기, 세발자전거 경주에 모든 아이들이 참여했으며 무엇보다 힘들었던 건 긴줄넘기인데 청백 두 편이 모두 190번 이상을 넘었다. 어른들 같으면 긴줄넘기만 하고 나서도 더 이상 경기를 할 수 없을 정도로 지쳤을 것이다. 그러나 아이들은 약 5분간 휴식이면 바로 원 상태로 몸이 돌아오는 듯했다.

더구나 위 아래 긴팔인 풍물 옷을 체육복 위에 덧입고 북과 장구와 꽹과리를 치면서 1학년부터 6학년까지 전교생이 풍물놀이를 했다. 한 번은 앉은 반을 하고 마지막 대동놀이 때는 선 반을 하면서 운동회에 나온 모든 학부모와 아이들과 노인이 한데 엉겨서 이십여 분을 뛰어 놀았다. 몸에 남은 힘을 마지막까지 짜내어 땅과 하늘을 울리는 풍물 소리 속에 몸은 최고조로 달아올랐다.

발갛게 상기된 얼굴로 아이들도 어른도 모두 즐겁게 웃었다. 아이들이 치울 물건을 치우고 교실로 들어간 뒤에 아빠와 엄마들은 운동장을 치웠다. 퇴근하면서 둘러본 운동장은 깨끗했다. 음식쓰레기, 휴지 조각 하나 없이 깨끗하게 치워져 있었다. 다만 하늘에 펄럭이는 만국기와 교문에 걸린 운동회 현수막만 남았다. 그건 "추석 연휴 끝날 때까지 그냥 두지요. 분위기 나게." 하고 체육진흥회장인 주상이 아빠의 의견을 따라서 그대로 남긴 것이다.

우리 학교 아이들은 운동회를 너무 좋아한다. 한 경기에 참여하고 나서, 다음 경기에 참여할 때 까지 몸이 뒤틀릴 정도로 한없이 기다려야만 하는 큰 학교와는 달리 우리 아이들은 거의 모든 경기에 참여하기 때문이다. 힘이 샘솟는 아이들을 운동회라면서 온종일 앉혀서 응원만 시키는 큰 학교 운동회를 아이들이 지루해하는 것이 당연하다.

큰 잔치를 열어 하루를 놀고나니, 여러 가지 준비할 때 힘든 것도 있었으나 그건 아무것도 아니란 생각이 든다. 잔치마당에선 잘 놀아주고 잘 먹어주면 놀이 준비를 한 사람이나 음식을 준비한 사람은 행복하기 때문이다.

만드는 즐거움

10월 10일 목요일 | 흐림.

아이들이 실과 실습으로 선반 만드는 것을 보니 제각각 특성이 잘 드러난다. 책에 나온 그대로 만드는 아이도 있고, 나름대로 설계를 해 만드는 아이도 있다. 모양을 곡선으로 둥글게 만드는 아이가 있는가 하면, 직선으로 곧게 만드는 아이도 있다. 또 모양을 아주 특별하게 만드는 아이도 있다. 톱질과 못질, 사포질 따위를 엄청 빠른 속도로 하는 아이도 있고 매우 느린 아이도 있다. 설계부터 마무리까지 성의 있고 끈기 있게 하는 아이가 있는가 하면, 그냥 대충 만들고 마는 아이도 있다. 우리 반 아이는 모두 일곱인데, 한 명만 교과서대로 만들었고 나머지 여섯 아이는 다 모양이 다르다.

한 가지 특기할 사실은, 아이들 일곱이 다 톱질이나 못질 같은 것을 조금도 두려워하지 않는다는 사실이다. 시내의 큰 학교에 있을 때에는 교사에게 톱질을 해달라고 징징대는 아이들이 많았다. 그런데 지금 아이들은 오히려 교사의 도움을 거절하고 될 수 있으면 "제가 할래요." 하고 말한다.

3, 4교시 두 시간을 연속으로 했는데, 마름질과 가공하기를 조금밖에

못했다. 점심 시간이 되어 식당에서 밥을 먹고 났는데, 우리 반 아이 가운데 운동장에서 노는 녀석이 없었다. 늘 공을 차거나 피구를 하거나 하던 녀석들이었는데, 오늘은 몽땅 원두막에 올라가 뚝딱거리고 있었다. 나무로 뭔가를 만드는 일은 인간의 본능적인 재미에 속하나보다.

연기 수업

10월 16일 화요일 | 자욱한 안개 속에 간간이 햇살이 비친다.

오늘은 아이들이 독감 예방주사를 맞는 날이다. 안 맞겠다고 떼를 쓰던 소라는 엄마가 맞으라고 해서 할 수 없이 맞았다. 우리 학교에서 덩치가 가장 큰 소라는, 주사를 맞으면서 울었다. 1학년 아이들도 울지 않는데, 소라만 울었다. 운동장에서 소리를 지르면 온 학교가 쩌렁쩌렁 울리는 우렁찬 소리를 가진 녀석인데, 주사 맞는 건 그렇게 겁나나보다. 맞기 전부터 울상이더니 기어코 눈물을 보이고 말았으니….

예방주사를 다 맞고 4,5,6학년 아이들은 연극을 한다. '대사에 내재된 의미 표현하기'인데, 재미있다. 이를 테면 다음과 같은 예문을 주고, 예문에 어울리는 1.인물 2.관계(인물+인물) 3.시간 4.장소 5.사건 이 다섯 가지를 만들어서 연기를 해보라고 하였다.

예문1)
가 : 너 이거 어디서 났어?
나 : 왜?
가 : 그냥.
나 : 싫어?

예문2)

가 : 어떡해?

나 : 몰라.

가 : 그냥 갈게.

나 : 가져 가.

예문3)

가 : 얼굴이 좋아 보입니다.

나 : 그래요?

가 : 좋은 일이 있나보군요.

나 : 그렇지도 않은데.

가 : 에이 그렇겠죠.

나 : 네? 아.

가 : 이만 가보겠습니다.

인물은 가와 나 2명이다. 많은 아이들이 2)번 예문을 선택했는데, 똥이 마려운 '가'에게 휴지를 '나'가 주는 것, 지각했다고 발발 뛰는 아들인 '가'에게 급히 책가방을 챙겨주는 엄마인 '나'. 이런 상황들을 아이들은 스스로 연출하고 연기하였다. 예문3은 대사가 길어서 그런지 아이들이 거의 선택하지 않았다.

나름대로 인물을 설정하고 관계를 만들고, 시간과 장소, 사건을 창조하는 일이라 무척 재미있어 했다. 그렇지만 크게 눈에 띄는 상상은 없었다. 그러나 태성이와 주상이가 연기를 매우 잘해서 박수를 많이 받았다. 상황 설정도 잘해야 하지만, 역시 배우의 연기는 연극에서 결정적인 요소가 아닐까 한다. 아이들은 연기를 해야 하기 때문에 긴장을 하면서도 무척 즐거워했다.

예쁜 마음 씀씀이

10월 18일 목요일 | 해가 눈부시다. 그러나 쌀쌀하다.

3교시 마치고 나서다. 늘 놓여 있던 창 턱에 우유가 없다. 그러고 보니 차 선생님이 안 계신 걸 새삼 깨닫는다. 들꽃반(특수반) 보조 선생님인 차 선생님이 아이들 우유를 반마다 날라주신다. 그러지 마시라고 해도, 운동삼아 하겠다고 하신다. 그런 차 선생님이 며칠 동안 연수를 가셨다.

내가 아이들을 둘러보며 말했다.

"누가 내려가서 우유 좀 갖고 오지."

우리 교실은 2층이다. 우유는 늘 1층 교무실 현관 앞에 놓여 있다. 전교생 39명, 그 가운데 안 먹는 아이 셋을 뺀 36개 우유는 녹색 우유 상자 한 개에 담겨 있다. 내 말에 선뜻 일어서는 아이가 없다. 나는 한 번 더 말했다.

"여섯 개를 한 명이 다 못 들지. 둘은 가야 될걸?"

나는 의도적으로 누구의 얼굴도 보지 않았다. 그렇게 말하고 곧바로 돌아서서 계단을 내려 왔다. 계단을 내려오면서 뒤에서 나는 발자국 소리를 주의 깊게 들었다. 들린다. 그것도 두 명의 발자국 소리가. 뒤 돌아 보니, 광호와 소희다.

녀석들은 1층 복도로 가고, 나는 밖으로 나와 세척실 앞에서 햇볕을 쪼였다. 노랗게 부서지는 밤나무 이파리 사이의 햇살을 바라보다, 눈길이 자연스레 교무실 현관으로 갔다. 아, 거기서 나는 그만 감동을 하고 말았다.

광호와 소희가 글쎄, 우유 상자를 같이 들고 1학년 교실 쪽으로 가고 있지 않은가? 녀석들은 한참 만에 교실로 왔다. 1, 2학년, 3학년, 4학년. 아래 층을 다 돌고, 2층 5학년 교실까지 다녀서 우리 교실에 우유를 들여놓은 다음, 우유 상자를 원래 위치에 갖다 두고 왔다. 내가 두 녀석에게 한마디 했다.

"좋은 일 했네. 다른 학년에도 우유를 갖다 주고 말이야. 육학년다워. 샘도 미처 생각 못했는데 말이야."

내 말에 광호는 그냥 빙긋이 웃고, 소희가 "광호가 갖다 주재요." 하고 약간 발개진 얼굴로, 광호에게 공을 돌린다. 어쨌거나, 난 두 녀석이 너무 이뻤다.

광호의 요런 마음 씀씀이는 참 신기하다. 오늘 점심을 먹을 때 예쁜 마음 씀씀이를 한번 더 보았다. 식판을 받아 놓고, 밥을 먹는데 마침 광호가 내 옆이었다. 그런데 녀석이 갑자기 사라졌다. 한참을 있어도 안 온다. 앞에 앉은 승용이에게 물었다.

"야, 광호 어디 갔냐?"

"저기 배식하네요."

승용이가 심드렁하게 대꾸했다. 돌아보니, 헛참. 할머니 두 분 옆에서 녀석이 배식을 하고 있었다. 우리 학교에는 배식과 식판 정리를 전담하는 할머니 두 분이 있다. 밥을 받아놓고도, 3학년 아이들이 몰려오자, 광호 녀석이 말없이 달려가 배식을 도와드리고 있었던 것이다. 이걸 어떻게 설명해야 할까? 그냥 신기할 따름이다. 그러나 배식에 열중인 광호를 보고 나는 한마디 했다.

"박광호, 밥 식는다. 그만 와서 먹어라!"

길쭉, 뚱땡이 고구마

10월 22일 월요일 | 해는 떴지만 흐릿하다.

지난 토요일(20일), 체험학습으로 봄에 심었던 고구마를 캤다. 전교생이 다 함께 강당에 모여 고구마에 관한 공부를 하고, 밭에 올라가 고구마를 캤다. 하필 날씨가 추워서 아이들이 손이 시렵다고 한다. 산밭인데다 거름을 하지 않아서 흙이 몹시 딱딱하다. 저학년 아이들 힘으로는 호미를 찍어봐야 흙이 파지지 않고 오히려 퉁겨나온다. 5,6학년 아이들이 삽이나 호미로 흙을 파고, 아래 학년 아이들은 고구마를 주워 담았다. 그러다 갑자기, 꽃뱀 한 마리가 나타나서 생난리가 한번 났었다.

밭에서 내려와, 캐 온 고구마를 씻어서 냄비며 솥에다 앉히고, 익는 동안 아이들은 시를 써 발표했다. 시들은 학년별로 느낌이 달라 재미있었다. 한 학년에 두 편씩 뽑아서 여기에 옮겨본다.

고구마 박선호, 1학년

해와 땅이
고구마를 만든다

228

고구마는 맛있다

고구마는 쪄 먹어야 더 맛있다

이 시를 선호가 발표하자, 아이들이 손뼉을 치는 가운데 누군가가 "안 쪄 먹고 날로 먹어도 맛있어!" 하고 소리쳤다.

알통 고구마 윤준식, 1학년

알통 고구마, 고구마

고구마 기상 소리

여기저기서 소리가 난다

고구마는 이상한 모양도 있다

고구마는 맛있고

고구마 캐기는 재미있다

고구마 캐기 윤철규, 2학년

오늘은 고구마 캐기를 했다

너무 큰 고구마를 캤는데

그거를 캔 사람은 박민성

근데 신*이라고 하고 싶지 않다

왜냐하면 중간만한 게 맛있는 고구마!

너무 커도 맛없다.

고구마는 맛있지만

많이 먹으면 뿡 방귀를 뀐다

*신 : 고구마 캐기의 신(神)이라는 뜻.

고구마 박지혜, 2학년

고구마를 캤다

두 개나 캤다

고구마야, 반가워

근육 고구마 윤영상, 3학년

근육 고구마는

보통 고구마보다 더 크다

근육 고구마는

엄청난 고구마

젓가락보다 더 크다

근육 고구마

엄청 크다

근육 고구마 짱!

어른 팔뚝 길이만한 고구마를 1학년 민성이가 캤는데, 영상이가 그걸 보고 지은 시다.

고구마를 캐서 윤한규, 3학년

고릴라 같은 고구마
구구단 같이 캐기가 어렵다
마디마디 각종 고구마

고구마 때문에 생긴 고구마 경험 송보나, 4학년

고구마를 캐다보면
길쭉한 고구마
동그란 고구마
흙 묻은 고구마
짤린 고구마
여러 종류가 있다

캐다가 호미에 손 찍히고
또 찍히고

손이 빨개져간다
캐다가 보면 고구마는 안 나오고
배는 점점 고파오고
머릿속에는 찐고구마뿐이네
빨리 먹고 싶다

고구마 박한영, 4학년

파도 파도 안 나오고
캐도 캐도 안 빠지는 고구마
큰 것 하나 작은 것 여럿
상처 입은 것도 여러 개

가족 같은 고구마들
큰 것과 중간 것은 쪄 먹고
작은 건 생으로 먹는다
맛있는 고구마
맛있게 먹자

닮은 꼴 고구마 윤예은, 5학년

바람 쌩쌩 부는 날에

잠바 껴 입고 고구마를 캔다

작고 조그만 고구마는

동효 같고

크고 통통한 고구마는

장주식 선생님 같다

고구마는 눈으로도 즐거움을 주지만

입에도 즐거움을 준다

"고구마야! 정말 고마워"

동효는 4학년인데, 덩치가 2학년 민욱이보다 작다. 그런데 달리기는 5학년도 반이나 이기는 날쌘돌이다.

길쭉, 뚱땡이 고구마 박경만, 5학년

나 닮은 길쭉이 고구마

재석이 닮은 뚱땡이 고구마

땅이 얼었다

고구마를 주기 싫은 듯

땅이 얼고 깊숙이도 있다

"아 힘들다 힘들어"

요놈 맛있겠다

농사꾼 상을 타니 기뻤다
삽질하다 고구마를 잘라버렸다
불쌍하고 처량해 보인다
심을 때부터 캘 때까지 고구마를 많이 키웠으니
고맙고 맛있게 먹어야지

이 시는 하고 싶은 이야기를 잘했는데, 순서가 뒤죽박죽이라 순서를 좀 다듬으면 더 재미있는 시가 될 듯하다. 그래서 이렇게 순서를 다듬어 봤다.

길쭉, 뚱땡이 고구마

땅이 얼었다
고구마를 주기 싫은 듯
땅이 얼고 깊숙이도 있다
"아 힘들다 힘들어"
삽질하다 고구마를 잘라버렸다
불쌍하고 처량해 보인다
나 닮은 길쭉이 고구마
재석이 닮은 뚱땡이 고구마
요놈 맛있겠다

심을 때부터 캘 때까지 고구마를 많이 키웠으니

고맙고 맛있게 먹어야지

좀 나은가? '농사꾼 상을 타니 기뻤다'는 넣을 수가 없어서 뺐다. 경만이네 모둠은 고구마를 가장 많이 캐서, 농사꾼 상을 주었다. 그런데 이 시의 흐름상 넣을 곳이 없다.

고구마 세상 김태성, 6학년

캉! 캥!

고구마 기상 소리 뿌드드

여기저기서 굴러나오는 고구마 시민들

예쁜 몸매 자랑하며 나오고

아기, 어린이, 어른, 환자

크기가 다르다

왕 고구마 납시오

울퉁불퉁 크고 우와!

내 주먹보다 크다

장군 고구마 대령했소 으악!

울그락불그락 빨간 얼굴로

근육을 자랑한다

하지만 내가 가장 세!

왜냐하면

모~두 다 내 입 속으로 꾸울꺽!

아삭, 고구마 임승비, 6학년

고구마를 캐다보면

덩그러니 놓여진 작고 잘린 고구마

얼른 들어 흙 훌훌 털고

이빨로 껍질 대충 벗겨서

침 한 번 퉤! 뱉고 나서

아삭! 아삭!

약간 쌉싸롬 하면서 달다

한 개 두 개 먹다보니

벌써 다섯 개

"언니 그만 먹어~"

하지만 아삭 아삭한

생고구마 너무 맛있다

승비네 모둠인 3학년 민영이 글을 보면, 승비 언니는 고구마를 계속 먹고, 가을이와 나는 고구마를 캐기만 했다는 말이 나온다.

고구마가 다 익어갈 쯤, 주상이네 엄마와 수진이네 엄마가 김치와 겉절이를 가지고 오셨다. 고구마와 곁들여서 먹는 김치는 정말 맛있다.

참 잘했어요

10월 23일 화요일 | 맑은 날씨, 가을다운 날이다.

정오가 되어갈 무렵, 4,5,6학년 22명을 데리고 이포중고등학교로 갔다. 광호 아빠, 예은이 아빠, 재석이네 엄마, 보나네 엄마, 준식이네 엄마, 광호네 엄마가 함께 갔다. 예은이 아빠가 모는 학교 차에 5,6학년 14명이 타고, 광호 아빠의 7인승 렉스턴에 4학년 남자 5명과 광호네 엄마가 타고, 우리 학교 한봉교 기사님 트럭에 4학년 여자 셋과 나, 그리고 악기와 풍물 깃발을 실었고, 보나 엄마네 차에 엄마 셋과 임명숙 선생이 타고 갔다.

이포중고등학교에선 해마다 강나루축제를 한다. 우리 아이들은 그 축제의 여는 마당에 풍물놀이를 해달라는 요청을 받고 간 것이다. 도착해서 바로 식당으로 안내를 받아 밥을 먹었다. 중학교 선생님들과 어머니회에서 아주 귀한 손님 대우를 해준다. 아이들이 모두 풍물 옷을 입고 삼색(청,황,홍) 띠를 두르고 있어서 두드러져 보였다. 중고등학생 언니 누나들이 풍선 아트한 것을 선물로 주기도 하고, 음식은 보쌈이 매우 맛이 좋아서 아주 포식들을 했다.

음식을 실컷 먹고, 한 사십여 분 느긋하게 전시회도 구경하고, 체육

관에서 대형 스크린으로 중계하는 남고생들의 스타크래프트 컴퓨터 게임도 구경하였다. 이것저것 구경하는 동안에 시간은 금방 지나가고 우리 풍물 공연 시간이 되었다.

중고생 형과 누나들이 스텐드에 자리 잡고 앉아서 우레와 같은 박수를 보냈다. 상쇠인 광호는 입장을 하기도 전에 바짝 긴장을 하여 웃지도 못한다. 내가 긴장을 풀라고 하자

"선생님, 오줌 마려워요. 오줌 누고 오면 안돼요?" 하고 낮은 소리로 속삭이듯 말한다.

"화장실 가봐야 안 나와. 꽹과리를 두드리기 시작하면 안 마려울 거야."

나는 광호를 안심시키고, 7미터짜리 하호 풍물 깃발(10월 10일 군민 풍물 경연에 나가서 상으로 받아온 20만 원짜리 깃발이다.)을 들고 앞장을 섰다. 내가 깃발을 크게 출렁이면서 스텐드에 앉은 중고생들을 보고 "박수 소리가 작아 풍물패가 못 나가네!" 하고 고함을 쳤더니, 중고생들이 와! 하는 환호성과 함께 큰 박수를 보내주었다. 그에 맞춰 광호가 꽹-꽹-, 꽹과리를 치고 풍물패가 이동을 시작했다.

중고등학교 운동장을 가로질러 돌아가며 풍물이 울렸다. 달팽이 말고 풀기, 두 패로 나눠 어루기, 둥글게 서서 뜀질하며 자진모리 하기, 마지막으로 빙글빙글 돌아가고 휘몰아서 빠르게 치다가 서서히 풍물을 끝냈다.

덩따! 아이들이 인사를 보내자, 거의 풍물 소리에 버금가는 박수가 터져나왔다.

지켜보던 박영만 풍물 선생님이 고개를 끄덕이며 "좋네요, 참 잘했어요." 하고 나에게 말하면서 기뻐하더니, 퇴장해 나온 상쇠 광호에게는 "이렇게 잘할 거면서 그동안 선생님을 그렇게 고생시켰어?" 하고 다정스럽게 말하기도 했다. 아이들도 다 만족스러웠는지, 발그레해진 얼굴로 함빡 웃음들을 웃었다. 즐거운 날이었다.

생활이 드러나는 글

10월 31일 수요일 | 맑다.

아이들과 시 쓰기를 했는데 아주 재미있는 현상이 있어서 기록해둔다.

6학년 〈말하기 듣기 쓰기〉 2학기에 '이야기를 듣고 인물의 생각을 시로 표현해봅시다' 라는 학습 목표 아래, 들려주는 이야기로 '달걀 열두 개로 한 축하' 가 실려 있다. 이야기는 한 친구가 너무 가난해 입을 옷도 없어서, 절친한 친구의 아들 결혼식에 가지를 못하고 달걀 열두 개를 선물로 보냈다. 그리고 편지에 '달걀 노른자는 황금으로 알고, 흰자는 백옥으로 여겨서 기쁘게 받아주면 좋겠다' 라고 썼는데 편지를 받은 친구는 '가보로 물려주겠다' 며 아주 좋아했다는 이야기다.

아이들에게 이야기를 들려주었는데 반응이 심드렁하다. 이런 반응으론 교과서에 제시된 학습 목표를 도달할 수가 없다. 그래서 이렇게 바꾸었다. 학습 목표대로 인물의 생각을 시로 표현하지 말고, 이 이야기의 주제가 '우정' 이니까 우리가 '우정' 을 주제로 써보자. 그래도 반응이 별로 신통치가 않다. 나는 우정이 잘 나타난 시 '빗길' 을 낭독해주었다. 조금 반응이 온다.

"우정이 잘 안 잡히면, 누군가를 위한 경험, 내가 도움을 받았던 경험이라도 잡아서 써보자."

이 밖에도 여러 말로 동기 유발을 했는데, 그제서야 아이들이 글을 쓰기 시작했다. 아이들은 금방 글을 완성했는데, 읽으면서 보니까 아주 명확한 구분이 지어진다. 그건 곧 '경험'과 '관념'의 차이라고 볼 수 있는데, 그 차이가 너무나 뚜렷하다. 아이들이 쓴 시를 한번 읽어보자.

가_〈우정〉 박혜주

내가 유치원 때이다
팽미나라는 나의 친한 친구가 있었다
내가 아파서 유치원을 못 갔을 때
집으로 편지 한 봉투가 우리 집으로 왔다
미나가 나한테 편지를 보낸 것이다
"왜 안 나오니? 보고 싶어"
하고 써 있었다
나는 정말 고마웠다
요즘도 가끔 그 편지를 본다
또 미나가 보고 싶다

나_〈우정〉 김소희

친구랑 싸우고 혼자 놀 때

다가오는 다른 친구
이런게 우정인가 보다
우정은 정말 좋은 것이다
한 마음 비어 있으면
그 마음을 채워주는 친구

다_ 〈내 연필〉 정소라

내 친구 승용이가
연필을 안 가지고 왔다
내가 연필을 빌려줬다
승용이가 내 연필을 쓴다

라_ 〈우정〉 임승비

우정은 참 희한하다.
내가 잃어버린 소중한 물건을
같이 찾아주는 것도 우정은 쌓이지만
크게 싸우고 나면
우정은 더 두터워진다

시를 보면 어떤 생각이 드는가? 가, 다의 시는 '경험'을 쓴 것이고 나, 라의 시는 '관념'이다. 시의 맛이 영 다르지 않은가? 정소라의 시는 매우 소박하지만 독자를 웃음 짓게 하는 매력이 있다. 박혜주의 시도 혜주만의 독특한 경험의 세계가 나타나 있고, 우정이란 말은 단 한 번도 쓰지 않았지만 독자에게 느낌을 주고 있다. 그러나 소희와 승비의 시는 우정을 매우 가치 있고 소중한 것이라고 여러 번 강조하고 있지만 아무런 감동을 주지 못한다. 그런 말은 누구나 할 수 있는 말이기 때문이다. 아이들이 쓰는 글은 역시 살아 있는 생활이 드러나야 읽는 맛이 있다는걸 새삼스럽게 알겠다.

대안학교

11월 1일 목요일 | 맑음. 그러나 바람 끝에 겨울이 실려 온다.

아침부터 마음을 졸였는데, 오후 4시 50분경에 확인을 했다. 아들 대청이가 간디학교(고등학교 과정) 1차 전형에 합격을 했다. 대입에 목을 매는 학교에 가기 싫다고, 대안학교에 꼭 가고 싶다고 했는데 다행이다. 아직 2차가 남아 있지만 다시 기회가 주어졌다는 것이 행복한 일이다. 정원이 40명인데 218명이 지원했으니 지원자가 꽤 많은 편이다. 나름대로 학생이나 학부모나 현재의 고등학교 교육에 불만족스러움이 많다는 얘기다. 그래서 대안 교육에 대한 수요가 급증하고 있으나, 제대로 철학이 갖춰진 대안학교도 많지 않은 것이 사실이다.

학생들이나 학부모가 이런 경쟁으로 마음을 졸일 것이 아니라, 누구나 다니고 싶은 학교에 갈 수 있었으면 얼마나 좋을까? 대청이가 합격을 했으니 나는 부모로서 마땅히 기분이 좋지만, 1차에서 떨어진 많은 학부모와 학생들에겐 오늘이 참으로 가슴 시린 하루가 될 것이다. 이 모든 것이 우리 나라 학벌 사회의 어두운 그림자라고 생각하니 또 한편으로 마음이 무거워진다.

이별

11월 2일 금요일 | 맑음. 바람 끝이 차다. 잠바의 자크를 올려야 한다.

나흘 전에, 4학년 현진이 할머니가 돌아가셨다. 너무 급작스런 일이라 많이 당황스럽고, 현진이가 너무 안쓰러워서 한참 가슴이 먹먹했다. 현진이는 내 딸 은결이와 같은 학년이라 둘이 놀고 있는 걸 자주 집에 태워다주곤 했었다. 그럴 때마다 현진이 할머니는 꼭 마당까지 나오셔서 수줍게 웃으시며 "선상님, 고맙습니다." 하고 허리를 숙여 인사를 하시곤 했다. 뵐 때마다 뭔가 일을 하고 계셨고, 늘 웃음을 짓는 얼굴이라 매우 정정해 보인 분이었다. 나중에 들은 이야기지만, 지병으로 '심장'이 안 좋으셨다고 한다. 지금이 환절기라, 갑자기 추워진 바깥으로 나오시다가 병이 도진 모양이었다. 현진이 할머니가 돌아가실 즈음, 나는 서울과 우리 동네에서 연거푸 조문을 갔다. 돌아가신 분들은 다 일흔을 넘긴 노인 분들이었다. 조그마한 기온의 차이도 못 견딜 만큼 허약해지는 육신. 자연의 순리를 다시 생각하게 한다.

은결이도 현진이 할머니 돌아가신 이야기를 하면서 눈물을 글썽인다. 그도 그럴 것이 현진이는 엄마 아빠가 이혼을 하여, 할머니와 할아버지하고 살아왔기 때문이다. 할아버지는 위가 안 좋아서 밥도 잘 못

잡숫는데.

"현진이 전학가면 어떡해?"

은결이가 눈물이 한 방울 매달린 눈으로 날 보며 말했다. 나는 뭐라 대답할 말이 없었다. 하지만 현진이는 꼭 전학을 가고 말 것 같았다. 의정부에서 오빠와 둘이 사는 아빠에게로 말이다.

할머니는 돌아가셨지만, 아직 이곳에 작은 아버지와 작은 엄마가 있다. 할아버지도 있고. 하지만 다들 현진이가 전학을 가기 쉬울 거라고 말들을 한다. 선생님이고 아이들이고 모두 안타까움에 어쩔 줄을 몰랐다.

그런데 오늘 본 현진이는 너무나 밝다. 그렇게도 끔찍하게 위해주시던 할머니를 잃은 녀석이 맞나 싶을 정도다. 같은 학년 딱 셋밖에 없는 여자애 은결이, 보나와 어울려서 깔깔거리고 웃어댄다. 날 보고 "안녕하세요, 선생님!" 하며 동글거리며 웃는 얼굴도 변함없다. 할머니가 돌아가셨는데 이토록 밝은 얼굴이어도 되는걸까? 잠깐 이런 생각을 하기도 했지만, '역시, 아이들이군. 이 얼마나 생기 넘치는가?' 하는 생각이 들면서 오히려 마음이 가벼워졌다.

행복한 추억

11월 6일 화요일 | 구름이 적어 해가 죽 얼굴을 내밀어 따스하다.

지난 문경 조령산 산행(10월 25-26일) 때 있었던 일이다. 1박 2일 일정으로 가서, 조령산 휴양림에 여장을 풀었다. 아이들은 4학년 지성이가 아쉽게 빠져서 서른여덟 명이 갔고, 선생님은 여덟 분 모두, 어머니들은 일곱 분(보나, 예은이, 지혜, 수진이, 광호, 민욱이, 주상이네 엄마)이 가셨고, 밤 10시쯤에 세찬 빗발을 뚫고 아버지 세 분(영상이, 재석이, 철규네 아빠)이 위문차 왔다가 새벽 2시쯤 돌아갔다.

삼관문인 조령관으로 들어가서, 조곡관을 거쳐 제1관문인 주흘관으로 나오는 길을 잡았다. 큰 짐은 숙소에 모두 풀고, 간단하게 도시락과 물병, 필기 도구만 넣은 작은 가방을 메고 길을 나섰다. 내가 앞장을 섰는데, 길을 잘못 들어서 20여 분이면 도착할 길을 한 시간이 넘게 돌았다. 20분 걸리는 길은 트럭도 지나갈 만한 큰 길이지만, 내가 잘못 든 길은 완전 산길이었다. 계획보다 훨씬 늦게, 생각보다 훨씬 지쳐서 조령관 뜰에 이르렀다. 거기서 점심밥을 먹는데 빗방울이 듣기 시작하더니, 점점 빗줄기가 촘촘해졌다. 날씨도 매우 쌀쌀해진다.

할 수 없이 아이들을 모두 끌고 조령관문으로 올라갔다. 수문장과 병사들이 지켰을 관문은 그래도 꽤 공간이 넓은 편이었다. 우리 아이들이 모두 앉고도 남았다. 그곳에서 과거 시험을 본따서 글쓰기를 했다. 이따 밤에 할 장기자랑 때 학년별 1명씩 장원급제자에겐 큰 상을 주겠다고 했다. 우리 반인 6학년에선 태성이가 장원급제를 했다. 태성이는 멀리 가는 체험학습에는 잘 빠지는 녀석이고, 이번에도 부모님이 안 보내려고 하는 것을, 내가 '모둠장의 역할'을 해야 한다고 부모님께 말씀드려 같이 왔다. 하지만 태성이 동생인 4학년 지성이는 끝내 부모님이 보내지 않았다. 이상하다고 생각을 했지만, 나중에 알고 보니 피치 못할 개인 사정이 있었다. 그런데도 두 번에 걸친 가족회의 끝에 태성이를 보내주신 태성이네 부모님이 고맙다. 태성이의 장원급제 시는 다음과 같다.

조령산의 새 친구

이 상쾌한 공기~
푸르른 자연

낙엽 지는 조령산에 와 보니
새들이 삐로롱 인사를 하고

오래된 건물 옆 지나가는데
다람쥐 찍찍 인사를 한다

작살나무, 산초나무, 천남성, 붉나무, 신나무
여러 식물 바삭이며 웃어 보인다

산을 내려오니 웅대한 조령관
문들이 소리없이 눈짓을 한다

조령산 잘 왔지!
새 친구를 많이 사귀었으니까!
신나는 날 재미난 친구들

비는 내리다 말다 했는데, 1관문 거의 다 내려와서는 좍좍 내렸다. 모두 물에 빠진 생쥐꼴이 되어서 몸에서 하얀 김을 설설 피어 올렸다. 1학년 준식이는 제 덩치만한 배낭을 메고선 이가 아프다, 다리가 아프다를 호소하면서 버스가 기다리는 주차장에 가장 늦게 도착했다.

버스를 타고 다시 숙소로 돌아와 모둠끼리 저녁을 지어 먹었다. 어머니들이 돼지고기 주물럭을 재워 와서 아주 맛있게 볶아 먹었다. 저녁을 먹고 설거지하고, 몸을 씻고 좀 쉬고 나서 장기자랑을 했다. 이 장기자랑 시간이 아주 감동적이었다. 남자 아이들 모둠인 광호, 승용이, 태성이네는 모두 연극을 하였고, 여자 아이들 모둠은 춤 또는 노래와 율동을 했다.

맨 먼저, 광호네 모둠이 연극을 했다. 제목은 5·18이다. 일곱 녀석이 모두 총을 들고 설친다. 장난감 권총, 장총을 들고 시민군을 꿇어앉

히고 총으로 쏴서 죽이는 장면을 연출하였다. 그러나 의미 있는 장면은 없었다. 난 녀석들이 5·18을 선택한 게 아주 신통해서 광호에게 까닭을 물어보았다.

"경만이가 하재요."

"왜?"

"영화 봤나봐요. 화려한 휴가라는 거…."

오냐, 알겠다고 나는 고개를 끄덕였다. 이어서 소희네가 춤을 추었다. 소녀시대가 부른 '다시 만난 그대에게'를 틀어놓고 춤을 추었다. 음악도 신나고 아이들 춤도 볼 만했다. 비가 내리는 산 속 휴양림, 숲 속의 집 뜰에서 펼쳐지는 음악과 춤. 빙 둘러앉거나 서서 구경하는 아이들과 어머니들과 선생님들은 그저 함빡 웃음이다.

함성과 환호 속에 소희네가 끝나고 승용이네가 연극을 했다. 토끼전을 패러디한 것인데, 용왕이 죽고 토끼가 용궁의 왕이 되는 것이 독창적이었다. 용왕 역의 승용이와 토끼 역의 광성이 연기가 인상적이었다. 약 3분 정도 되는 아주 짧은 촌극이었지만, 내용과 연기가 깔끔했다. 매주 두 시간씩 연극 공부를 하는 효과가 나타나는 것 같다.

다음은 혜주네의 춤. 원더걸스의 '텔미' 노래에 맞춰 가수들의 춤과 흡사하게 춤을 춘다. 혜주의 몸놀림은 마치 TV에서 가수의 몸놀림을 보는 듯하다. 예은이도 만만치 않다. 남자 아이들, 특히 5학년 녀석들이 깜빡 죽는다. 입을 벌린 채 다물 줄을 모른다. 분위기가 한껏 달아올랐다. 저절로 박수 소리와 감탄이 터져나온다.

태성이네 연극. 제목은 '건널목'이다. 건널목에서 자동차 사고가 난

이야기를 극화했는데, 이야기가 자연스럽게 연결되지 못한 흠이 있었다. 하지만 도화지 여러 장을 이어 붙여서 자동차를 만들고, 한 녀석의 이마부터 가슴까지 황, 청, 홍의 신호등을 나타낸 것이 창의적이었다. 내용이 잘 이해되지 않았으나, 아이들은 힘껏 손뼉을 쳤다.

장기자랑 중간중간에 개구리가 끊임없이 무대로 뛰어들었다. 휴양림에 사는 떡개구리다. 우리 나라에서 예로부터 식용으로 가장 좋다고 알려져 있는 개구리다. 나중에 밤에 내려왔던 영상이 아빠는 군침을 삼키기도 했다. 오태현 선생님이 장기자랑 내내 시도 때도 없이 무대에 뛰어오르는 개구리를 빗자루로 쓸어 퇴장시켰다.

태성이네 다음은 승비네가 춤을 췄다. 가수 카라의 노래 '맘에 들면'에 맞춰 춤을 춘다. 승비네에는 들꽃반(특수반) 지혜가 있다. 보나와 승비가 맨앞에 양쪽으로 넓게 서고, 다음은 3학년 민영이와 가을이를 양쪽으로 세우고, 부채꼴의 끝에는 지혜가 섰다. 지혜는 자기 맘대로 춤을 췄지만, 즐거운 표정을 감추지 못하고 흥얼흥얼 노래까지 따라 부른다. 엄마들의 박수 소리가 몹시 커졌다. 그리고 누가 시작했는지 모르지만, 아이들 속에서 '지혜 짱!'이라는 소리가 터져나왔다. 그 합창은 승비네 춤이 끝날 때까지 죽 이어졌다.

마지막으로 소라네. 소라네는 가수 씨야의 노래 '결혼할까요'를 율동과 함께 불렀다. 소라네도 들꽃반의 주희가 있다. 3학년 주희와 역시 3학년인 도희가 바짝 붙어서 나란히 서고, 뒤에 4학년 현진이와 소라가 넓게 섰다. 소라는 연습이 안 되었다면서 장기자랑을 안 한다고 난리를 쳤었는데, 실제로 무대에 오르자 움직임이 아주 달랐다. 특히 주희의 노래가 매우 호소력이 있었다. 더구나 제자리 걸음으로 시작하고, 결혼식의 맞절 같은 것을 살짝 보여주는 율동에 아이들이 아주 넘어갔다. 가장 절정은, 소라네 모둠 네 명이 노래 끝 부분에 관객들에게 악수를 하러 오는 부분이었다. 아이들이고 엄마들이고 선생님이고 할 것 없이 서로 손을 잡겠다고 내밀었다. 소라네 네 명은 순간적으로 열광적인 환호를 받았다. 손을 잡지 못한 아이들 입에서 "앵콜!" 소리가 바로 터져나왔다. 사회를 보던 김미정 선생도 앵콜을 외쳤다. 결국 소라네는 한 번 더 공연을 하였다. 두 번을 하고 나서도 또 앵콜 소리가 나왔지만, 이번엔 사회자가 받아들이지 않았다.

모든 모둠의 장기자랑이 끝났지만 열기는 더 부풀어올랐다. 누군가의 입에서 곧바로 노래가 터져나왔다. '텔미'도 나오고, '한번 더 OK'도 나왔다. 여자 아이들은 노래를 부르고, 남자 아이들은 무대로 달려나가 춤을 춘다. 노래 서너 곡을 맘껏 부르고 아이들은 마구 몸을 흔들었다. 나는 누가 시켜서 하는 것이 아니라 스스로 주체할 수 없어 터져나오는 몸놀림을 보았다. 그건 일종의 감동이었다. 아이들을 방으로 들여보내고 뒤에 남은 선생님들은 서로 가슴이 벅차올랐음을 이야기했다. 그 즐거움을 글로 표현한다는 것은 애초에 가능하지 않았다. 이 하루가 우리 아이들에게 어떤 의미로 남을지는 알 수 없지만, 행복한 추억이 될 것임은 확신할 수 있다.

겨울엔 정말 해가 그립다

11월 30일 금요일 | 햇빛이 비치는 창가는 따뜻하다.

겨울엔 정말 해가 그립다. 노랗게 비치는 햇빛을 보면 마음이 푸근해
지고, 그리도 고마울 수가 없다. 그런데 안타깝게도 우리 교실은 해가
아침 나절에만 잠깐 들어오고 만다. 정남향으로 지었으면 좋았을 것을,
학교가 정동향에 가까운 동남향이다. '집을 정남향으로 짓고 살려면 3
대가 덕을 쌓아야 한다' 는 말이 있다. 산이 가리고, 길 때문에 그렇기
도 하고, 집은 정작 정남으로 지었건만, 갑자기 옆집이 우뚝 솟아서 해
를 다 가려버린다거나 하는 여러 가지 이유로 사람들은 정남으로 지은
집의 혜택을 누리지 못하는 경우가 많다.

정남으로 집을 지으면, 겨울엔 하루 종일 집안에 해가 들고, 반대로
여름엔 해가 들지 않는다. 이건 우리 나라가 북반구에 위치해 있기 때
문이라, 만약 저기 남반구에 우리와 같은 위도에 산다면 정북으로 집을
지어야 하리라.

하루에 볕이 최소한 5시간 이상은 드는 곳에 살아야 우울증에 걸리
지 않는다는 말이 있다. 그만큼 볕은 사람의 마음을 편안하게 하고, 따
뜻하게 해주는 힘이 있다는 뜻이다. 그런데 참으로 슬프게도, 서울을

비롯한 대도시 아파트의 약 80%가 하루 일조량 4시간 미만이라고 한다. 심한 곳은 하루에 단 1시간도 볕이 들지 않는 곳도 있다 한다. 물론 반지하나 지하에 사는 사람은 그나마 볕 한 조각도 집안에 들이지 못하지만 말이다. 하늘이 골고루 아무런 사심 없이 보내주는 햇볕을 인간 스스로 거부하는 꼴이다.

우리 교실에도 겨울에 볕이 잘 들지를 않으니, 아이들은 볕을 따라 돌아다닌다. 틈만 나면 볕이 드는 창가에 옹기종기 모여 앉아 재잘댄다. 식물만 굴광성이 있는 게 아니다. 겨울에 아이들을 보면 사람도 굴광성이 다분하다. 문득 볕 잘 드는 남쪽 담벼락에 기대 앉아 소꿉놀이, 구슬치기, 또는 어디선가 주워들은 이야기 한 자락을 풀어놓으며 종알거리는 아이들이 보고 싶다.

볕은 진정 그리운 그 무엇이다. 서사면西斜面에 집을 짓고 사는 어떤 이는, 건너편 마을에 아침마다 노랗게 볕 드는 마당을 바라보며 '상사병'마저 들었다던가….

학기 말

12월 3일 월요일 | 비가 조금 내린 뒤, 무척 춥다.

올해 마지막 가는 달이 시작되었다. 벌써 이틀이 지났다. 연말이라 일은 많고 마음은 바쁘기만 한데, 일은 제대로 손에 잡히질 않는다. 아이들 중학교 입학 원서를 써야 할 텐데, 아직 아무런 연락이 없다. 교육청에서 아직 계획이 없는 건지, 본교에서 연락을 안 해주는 건지 알 수가 없다. 오늘 아침에 본교에 전화를 해볼까 했더니 분교장인 이종남 선생님이 그냥 기다려보자신다. "설마 연락을 안 하겠어요?" 하면서.

2월엔 사흘밖에 나오지 않으니, 아이들 졸업시킬 준비도 모두 해둬야 한다. 2월에 많이 나와봐야 수업이 제대로 이루어지지 않는다며, 12월 중순에 하던 방학을 말로 미뤘는데, 이게 별로 효과적이지 않은 것 같다. 아이들이 날씨가 추워 움츠리고 다니니, 학습이 제대로 될 리가 없다. 물론 2월이라고 덜 추울까마는 11월부터 춥기 시작하는 계절에 12월 말까지 주욱 추위를 견디며 다니니, 그게 그리 좋지만은 않은 듯하다. 아이들 학습도 그렇지만, 교사도 마음이 더욱 바빠지는 것 같다. 2월에 여러 날을 학교에 나오면 졸업 준비와 새로운 학기 준비에 좀더 여유가 있는데, 사나흘 나와서 번개 불에 콩 볶아 먹듯이 일을 치루고 나면 몸도 마음도 그리 유쾌하지 않다.

　오늘 아침에 수업을 시작하기 전에

　"애들아, 이번 달이 이제 마지막이로구나."

　"뭐가요?"

　"야, 초등학교 수업은 마지막이라는 거지."

　"2월도 있잖아요."

　"2월엔 나와서 졸업만 하면 끝이다."

　여기저기서 아이들의 한숨과 탄성이 뒤섞여 쏟아져 나온다. 소라가 우렁우렁한 목소리로 외친다.

　"아, 졸업하기 싫어!"

　승비도 따라 외친다.

　"중학교 가기 싫어!"

　사내 놈들은 아무런 말이 없다. 그냥 실실 웃고만 있을 뿐이다.

　이 바쁜 때에, 무려 4일씩이나 연수를 한다고 또 난리다. 지역의 전 교사를 불러 모아서 개정 교육 과정 연수를 한단다. 늘 해봤자 그 소리가 그 소리뿐인 연수를, 또 하려는 모양이다. 교육청에서 잡은 연수 예산이 남은 모양이다. 수업까지 당겨서 하고, 연수에 꼭 참가해달라고 겉으론 협조 부탁, 속으론 교감들을 협박했을 터이다. 날씨는 춥고 마음은 답답하기만 하다.

고무줄 총

12월 13일 목요일 | 맑음. 날씨가 좀 풀렸다.

고무줄 총 놀이가 한창이다. 3학년 한규와 4학년 동효가 앞장서서 놀고 있다. 나무젓가락 두 개로 총을 만들고 노란 고무밴드를 늘였다가 튕기는 놀이이다. 잘 튕기면 2층 높이는 거뜬히 올라간다. 멀리 보내기에서는 최고 10여 미터는 날아간다. 겨울이지만, 한규는 런닝셔츠와 긴팔 옷 하나로 뛰어다니며 놀고 있다. 두 녀석이 웃고 떠드니, 한영이도, 강산이도 곧 어디선가 나타나서 같이 떠든다.

마침 우리 반이 6교시를 하고 있었는데, 창문 밑에서 왁자하니 떠들고 있어서 우리 반 아이들의 집중력이 흐트러졌다. 소라가 "저건 한규 목소리야." 하고 보지도 않고 말하니까, 광호가 벌떡 일어서서 창문을 열고 내다 본다. 우리는 수학의 '연비로 비례 배분하기' 문제를 풀고 있는 중이었다.

"선생님, 이제 우리도 공부 그만하고 놀아요!"

승비가 소리치고

"맞아요, 선생님."

혜주가 맞장구를 친다. 바로 그때,

"우와!" 하는 함성 소리가 창문 바깥에서 솟아 올라온다. 누구도 가만 앉아 있을 수가 없었다. 다 창가에 몰려서 내려다 보는데, 땅콩 동효가 올려다 보며 소리지른다.

"선생님, 넘어갔어요."

"넘어가다니? 뭐가?"

"한규 고무줄이요. 옥상을 넘어갔어요."

"정말?"

우리는 다 눈이 휘둥그래졌고, 한규는 자신만만한 얼굴로 버티고 섰다. 녀석들은 고무줄을 찾으러 흩어져 가고, 우리는 다시 자리에 앉았다.

"자, 오늘 수업 끝."

내가 선언하자, 아이들은 눈을 빛내며 빠르게 바깥으로 몰려 나갔다. 녀석들이 뭘 할지는 안 봐도 뻔하다.

소중한 만남을 기억하며

12월 14일 금요일 | 맑음. 낮에는 따뜻했다. 운동장이 질척거려서 발야구도 못할 정도였다.

오늘 6교시 때 소라가 울었다. 소리내서 운 것은 아니고, 조금 눈물이 눈가에 맺힌 것이다. 6교시는 국어 시간이었는데, 마지막 '말듣쓰'의 다섯째 마당이 '소중한 만남을 기억하며' 이다. 첫 번째 작은 학습문제가 '학교를 졸업하면서 떠오르는 생각이나 느낌을 글로 써봅시다' 였다.

나는 별 생각없이 이렇게 말했다.

"지난 6년 동안 나는 어떻게 변했을까?"

아, 그랬더니 갑자기 소라란 녀석이 "아, 눈물날라 그래. 아이." 하고 소리를 질렀다. 그러자 여기저기서 감탄이 터져나왔다.

"난, 안 울 거야. 안 울 거야."

승비는 누가 물어보지도 않는데, 두 번씩이나 다짐을 하고 혜주도 "나도 졸업식 때 안 울어. 안 울 거야. 절대로." 하고 다짐을 한다. 사내녀석들은 실실거리며 웃고, 소희는 아무 말 없이 아이들이 지켜보기만 한다. 그러는 동안에 소라와 혜주가 고개를 책상에 박을 듯이 숙이고 있더니, 기어이 소라는 눈물을 보이고 말았다. 혜주는 고개는 숙이고

요즘 초등학교 졸업식에서
눈물을 흘리는 아이들을 본 적이 있는가?
아마 본 적이 거의 없을 것이다.
그러나 우리 반 아이들은 분명 울 것 같다.
왜 그럴까?

있었지만 밖으로 눈물을 보이지는 않았다.

이건 분명 뭔가 다른 모습이다. 요즘 초등학교 졸업식에서 눈물을 흘리는 아이들을 본 적이 있는가? 아마 본 적이 거의 없을 것이다. 그러나 우리 반 아이들은 분명 울 것 같다. 왜 그럴까? 학교가 아이들에게 정겹고 사랑스러운 그 무엇이기 때문일 것이다. 스스로가 학교의 주인임을 잘 알고 있기 때문이다. 과연 요즘 세상에 아이들이 스스로 주인인 학교가 얼마나 있을 것인가?

6교시가 끝나고, 나는 본교로 간다. 아이들 중학교 입학 원서를 내는 날이었다. 일곱 명의 원서를 들고 교실을 나가며, 아이들을 돌아보며 말했다.

"니들 원서 내고 올게."

"안녕히 다녀오세요." 하고 아이들이 별 감정없이 의례적으로 인사하는데, 소라란 녀석이 "으아." 하면서 또 한 번 소리를 지른다.

새로 주문한 책

12월 26일 수요일 | 볕에 나서면 봄처럼 따스하다.

새로 주문한 책, 30권이 왔다. 아이들이 환호성을 지른다.

"선생님, 방학 때 빌려주실 거죠?"

혜주가 묻고

"으휴, 졸업할 때까지 못 보는 줄 알았네."

소희는 한숨까지 내쉰다. 책을 내 책상 위에 올려놓으니 아이들이 우르르 달려 나와서 읽고 싶은 책을 골라 간다. 단연 만화책이 인기다. 전태일의 이야기를 만화로 그린, 최호철의 『태일이』는 승용이가, 전국 역사교사모임에서 쓰고 이우성과 이우일이 그린 『어린이 살아있는 세계사 교과서』는 소라가 얼른 들고 갔다. 소희는 최나미의 동화집 『셋둘하나』, 혜주는 이현의 동화 『장수만세』, 승비는 O.T.넬슨이 쓰고 박중서가 옮긴 『내일은 도시를 하나 세울까 해』를 들고 갔다. 태성이는 역시 공부가 취미인 학생답게, 큰 작가 조정래의 인물이야기 가운데 『안중근』을 집어 갔고, 뭐든지 느긋한 광호는 역시 책도 느긋하게 고른다. 아이들이 책 하나씩 들고 다 들어간 뒤에도 혼자서 책을 뒤적뒤적하고 있다.

"광호야, 얼른 들어가지?" 했더니 녀석은 씩 웃으면서 대답한다.

"아직 못 골랐어요."

한참을 더 책을 뒤적거린 다음, 권정생의 『도토리예배당 종지기아저씨』를 들고 들어갔다. 아이들은 아주 만족스런 얼굴로 엷은 웃음까지 머금고 책을 본다. 나도 책을 하나 골랐다. 내가 주문한 책이므로, 당연히 내가 읽고 싶던 책도 있었다. 바로 조지 맥도널드의 『북풍의 등에서』이다. 쪽수가 거의 500쪽에 이른다. 맛있는 먹이감을 앞에 둔 동물처럼, 마냥 즐겁다. 이렇게 오늘 두어 시간은 아이들과 책을 읽으며 보내기로 했다.

항아리 아저씨

　내가 사는 옆 동네에 항아리 아저씨가 있다. 이 아저씨는 올해 딱 오십 살이 되셨다. 그런데 안타깝게도 한 여섯 달 전쯤에 가볍게 풍을 맞았다. 예전엔 중풍이라고 말했는데, 요즘엔 뇌출혈이나 뭐 그런 뇌혈관의 질환으로 말해야 사람들이 더 잘 알아듣는다. 사람들의 의학 상식이 풍부해졌다고 해야 할지, 아니면 언어의 사대주의인지는 확실히 모르겠다.

　아저씨는 다행히도 정도가 가벼워서, 곧 활동을 재개하실 수 있었지만 걸음걸이가 무척 조심스럽고 발음이 조금 어눌해졌다. 원래도 말수가 워낙 적은 분인데, 발음이 어눌해지니까 더욱 말수가 줄어들었다. 이분이 얼마나 말수가 없느냐 하면, 이런 일이 있었다. 항아리 아저씨는 나의 손윗 동서와 한 동갑이다. 처형네 집에서 김장을 할 때에, 김장속과 소금에 절인 노란 배추에 푹 삶은 돼지고기를 안주로 소주를 마신적이 있다. 그때 동서가 한 시간 가량 어디를 가고 항아리 아저씨와 내가 소주를 나눠 마셨다. 이때 남자는 아저씨와 나 둘이었다. 그 밖엔 다들 여자들로서, 나의 처형, 나의 아내, 장모님, 항아리 아저씨 부인, 또

한 분의 옆집 아줌마였다.

　나는 아줌마들에게 술도 따르어 드리고, 안주도 입에 넣어주는 등 서비스를 하고 다녔다. 왜냐 하면 아줌마들은 고무장갑을 꼈고 배추에 김장 속을 넣고 있었기 때문에 비는 손이 없었다. 그러는 한편 항아리 아저씨와 가끔 술을 나눠 마셨는데, 약 한 시간을 넘게 마주 앉아 술을 마셨지만, 끝내 아저씨와 나는 말 한마디 나누지 못했다. 아저씨는 그냥 조용히 소리 없이 웃기만 했기 때문이다.

　아저씨는 아들 하나를 두었다. 아들은 강릉에 있는 대학을 다니다가 군에 간 지 얼마 되지 않았다. 아저씨는 보일러 수리를 주로 하는데, 솜씨가 기가 막히다. 그러나 변변한 가게 하나 없고, 몸마저 불편해진 까닭에 요즘은 거의 일거리가 없이 논다. 부인이 꽃 재배 비닐하우스에 다녀서 벌어오는 수입이 가정 수입의 거의 전부다. 시골인데도, 나이가 오십인데도, 국민주택이라고 하는 면소재지의 11평짜리 집에 산다.

　그러나 아저씨의 얼굴에서 웃음이 사라지는 걸 별로 본 적이 없다. 부인도 마찬가지이다. 세 식구 힘들게 먹고 살고, 겨우겨우 대학 다니는 아들의 학비와 기숙사비를 마련하느라 허리가 휘지만, 부인은 아직도 사춘기 소녀 같다. 라디오에 편지를 써서 보내고, 그게 읽혀졌다고 얼굴을 붉히면서 깔깔 웃는다.

　오늘 아침에 항아리 아저씨가 우리 집에 오셨다. 잘 돌아가던 보일러가 갑자기 멈춰 섰기 때문이다. 동서에게 부탁을 했더니, 아저씨가 곧 오셨다. 두툼한 외투에 귀를 덮는 빵모자, 장갑, 아주 완전 무장을 하고 오셨다. 풍을 맞은 사람은 추위에 몹시 약하다고 한다. 문을 열고 마당으로 나서는 나를 보고 아저씨는 역시 아저씨 표 수줍은 웃음을 웃으면서, 말없이 고개를 끄덕였다. 우리는 말없이 보일러실로 갔다.

내가 한 응급 처치를 수다스럽게 설명하자, 아저씨는 동그랗게 웃으면서 고개를 연방 끄덕였다. 참, 아저씨의 얼굴은 동그랗다. 눈도 코도 얼굴의 거의 모든 부분이 동그라미에 가깝다. 내가 떠들어대는 수다를 다 듣고 보일러 기계의 문을 열고 들여다 보던 아저씨가 센서를 뽑았다. 그리고 센서의 전구 부분에 끼인 그을음을 손으로 닦아내고 다시 끼웠다. 그러자 보일러는 힘차게 잘 돌아갔다. 결국 내가 새벽 내내 물을 빼고, 켰다가 껐다가 온갖 처치를 한 것은 모두 쓸데없는 짓이었다. 이게 기계를 아는 사람의 힘이었다.

보일러실을 나오면서 아저씨가 한마디 하셨다. 또 안 돌아가면 이 센서를 뽑아서 닦으라고. 그리고 아저씨는 돌아서서 조심스런 발걸음으로 마당을 가로질러 대문으로 나갔다. 나는 아저씨를 따라 대문 가까이 나가서, 돈을 내밀었다. 만 원짜리 몇 장. 아저씨는 돈을 보자 한사코 밀어냈다. 나는 안 받으시면 미안해서 다음엔 못 부르지 않느냐고, 제발 받으시라고 사정했다. 아저씨네 어려운 사정에 좀 도움이 될까 싶어서 나는 고런 어줍잖은 마음까지 갖고 자꾸 돈을 내밀었다. 그러자 아저씨가 웃음을 얼굴에서 거두고 말했다. 좀 어눌한 목소리로, 자꾸 돈을 내밀면 다음엔 다시는 안 온다고 이렇게 말씀하셨다. 나는 결국 천 원짜리 한 장, 따뜻한 차 한 잔 대접하지 못하고 말았다. 겨울에 보통 보일러공을 부르면 기본 출장비가 5만 원인데 말이다.

참, 항아리 아저씨가 왜 항아리 아저씨냐 하면, 항아리 앞에 '술' 자가 붙기 때문이다. 술을 얼마나 좋아하시는지, 소주든 맥주든 주종을 가리지 않고 항아리로 마시기 때문이다. 그렇게 마시고도 몸이 흐트러지거나 흰소리를 한다거나 하는 주사가 전혀 없어서 사람들은 누구나 그를 좋아한다. 이 아저씨에게는 별명 앞에 술자가 붙는 사이좋은 친구가 둘이 있는데, 한 사람은 나의 동서로 별명이 '통'이고 또 다른 이는 나의 뒷집에 사는 분으로 별명이 '독'이다. 물론 이분들도 모두 별명 앞에 '술'자가 붙는다. 그러나 아쉽게도 통과 독은 여전한데, 항아리 아저씨만 술을 매우 조심해서 드셔야 될 형편이 되었다.

몸이 불편하고 집안 형편도 어렵지만, 아저씨는 돈을 받지 않았다. 나는 수고하신 정당한 대가를 받아가시는 거 아니냐고 그런 말을 못 했다. 대신에 나는 항아리 아저씨의 아들이 휴가를 나오면 돼지갈비라도 한번 사줘야겠다고, 동서와 전화 통화를 했다.

아침부터 자욱하던 안개가 이제 겨우 걷힌다. 오후 2시가 넘었는데.

나는 사랑하고 증오한다, 고로 존재한다

- 김남주 서간집 『옥중연서』에서 따옴

　올(2004년) 2월에 김남주 평전이 나왔다. 김남주 시인이 서거한 지 꼭 10년만이다. 김남주 하면 떠오르는 낱말들이 있다. 투쟁, 피, 칼, 무기, 전사… 듣기에 따라 참 섬뜩한 낱말들이다. 그러나 김남주는 시인이었고 나의 아내가 말하듯, 검은 색 굵은 뿔테 안경을 쓴 키가 작고 연약해 보이는 한 남자였다.

　며칠 전 식목일 연휴 때 해남, 시인의 생가를 찾으려던 계획이 무산되었다. 내가 독감에 걸려 빌빌거린 탓이다. 봄은 남도에서부터 오니, 시인의 자취를 만나러 간다는 즐거움과 더불어 남도의 봄을 만끽하려던 것이었는데 어그러지고 말았다. 대신 시인의 평전을 다시 읽었고, 시인의 시집을 뒤적거렸다. 어떤 사람들은, 김남주의 시효는 오래 전에 끝났다고 말한다. 동구권이 몰락하고 사회주의 실험이 실패로 돌아간 1990년 그때 김남주의 무기는 부러졌다고 말들 하기도 한다. 그러나, 1990년 이후 15년, 김남주 서거 10년이 지난 지금도 나는 시인의 시를 읽을 때마다 가슴이 뛴다. 나에게 있어선 결코 시인의 무기는, 아니 시인의 사랑은 끝나지 않았다. 그리고 앞으로도 내 생이 다할 그날까지 변함

없이 그러할 것이다.

이제 확실해졌다 노동이야말로
인간을 인간이게 한 장본인이었다 짐승과는 다르게
살과 뼈와 피를 빚어낸 마술이었다 기적이었다
노동이야말로 인간의 출발점이고 과정이고 종착역이다
한마디로 끝내자 인간의 본질은 노동이다
노동에서 멀어질수록 인간은 짐승에 가까워진다
이제 분명해졌다 적어도 나에게는
나의 가장 가까운 적은 노동에서 가장 멀리 떨어져 있는 인간이다
아니다 노동에서 이미 멀어져버린 인간은 인간이 아니다
그것은 된장 속의 구더기다 까맣게
감잎을 갉아 먹는 불가사의한 벌레다
쌀 속의 좀이고 어둠 속의 쥐며느리이고 축축하고
더럽고 지저분한 곳에서 서식하는 이이고
황소 뒷다리에 붙어 있는 가증스런 진드기이고
회충이고 송충이고 십이지장충이고 기생충이고 흡혈귀다
인간의 동지는 노동 그 자체다

－〈감을 따면서〉 중에서, 『조국은 하나다』 193~194쪽

시인은, 노동 가운데에서도 육체 노동의 중요성을 늘 말했다. 나도

270

육체 노동의 중요성을 지금 실감하고 있는 중이다. 시골로 이사와 조그마한 텃밭을 가꾸고 있는데, 그저께 감자를 심었다. 괭이로 골을 파서 두렁을 만들고 호미로 감자를 심었다. 땀이 나고 허리와 어깨죽지가 아팠지만, 기분은 상쾌하고 뭔가를 이뤄냈다는 자부심까지 든다. 이제 늘 아침마다 저녁마다 나는 감자밭을 서성거릴 것이다. 마당을 쓸고, 나무를 심고, 돌담을 쌓고, 꽃을 가꾸는 일들은 쉼없이 몸을 움직여야만 가능하다. 그러나 조금씩조금씩 몸을 움직일 때마다 분명하게 그 자취가 드러난다. 뭔가가 생산되고 있다는 뜻이다. 시인은, 육체 노동을 하지 못함을 여러 번 아쉬워했다. 노동 가운데서도 시인은 농사를 짓고 싶어 했다. 대학에서 제적되고, 고향으로 돌아가 아버지를 도와 농사를 짓기도 했지만 그 기간은 아주 짧았다. 시대가 시인을 가만히 두지 않았던 탓이다.

나이가 들어가면서, 복잡한 도시를 떠나 한적한 시골에 살면서, 나이에 걸맞지 않게 때 이른 허무감에 젖을 때가 있다. 그럴 때마다 김남주 시인의 시를 읽는다. 시를 읽으면서 시인의 삶을 반추해본다. 가슴에 자그마한 불덩이가 다시 생겨나 몸을 데워준다. 시인이, 그토록 증오해 마지 않았던 자본주의, 그리고 그 자본주의를 뒷받침하는 순수예술주의자, 허무주의자, 자유주의자, 소시민성을 가진 기만적인 지식인 등등의 지랄같은 싹이 내 안에서 하늘거릴 때 그것을 태워줄 불덩이가 말이다.

정말 그렇다. 노동이야말로 인간을 인간이게 한다. 노동자의 피땀어린 노동에 빌붙어 먹고 사는 온갖 기생충들은 벌레, 저주스러운 벌레에 지나지 않는다. 그러나 벌레들이 정부를 장악하고 국회를 장악하고 기업을 장악하여, 노동자의 삶을 옥죄고 있지 않은가. 기생충들의 할거는 아직 진행 중이다. 그 기세는 좀처럼 꺾이지 않는다. 하지만 시인 같은 혁명가들의 삶이 있어, 그 힘이 온 누리에 끼쳐 있음으로 기생충 박멸의 시대가 머지 않았음을 나는 안다.

밤이 깊어갈수록
하나 동편 하늘에서 더욱 빛나고
그 별 드높게 바라보며
가던 길 멈추지 않고 걷는 사람이 있다
거센 바람 나뭇가지 뒤흔들어도
험한 파도 뱃전에서 부서져도
자지 않고 깨어나 일어나
앞으로 앞으로 나아간다
어둠에 묻혀 사라진 길을 열고
앞으로 앞으로 나아간다
가야 할 길 먼 길
가지 않으면 병신되는 길
역사와 함께 언젠가는
민중과 함께 누군가는
꼭 이르고야 말 길 그 길을
쓰러지고 쓰러지고 다시 일어나

전진하는 사람이 있다

밤이 깊어갈수록 더욱 빛나는

별 하나 드높게 우러러 보며

혁명하는 사람이 그 사람이다

—〈밤 길〉 전문 『이 좋은 세상에』 51~52쪽

자신의 모든 생을 바쳐 노동자, 농민으로 대표되는 못 가진 이들을
사랑했던 시인을 나는 흔들릴 때마다 읽는다. 느낀다. 그리고 나는 살
아간다.

나와 학교,
그 평생의 인연

나는 1962년에 태어났다.
올해가 2008년이니 세월이 꽤 흐른 셈이다.
그 오랜 세월 동안, 초등학교 입학 전의
몇 해를 제외하곤 줄곧 학교에 다니며 산다.
초등학교에 다닐 때
"졸업만 해봐라, 내가 다시는 학교를 다니나!" 하면서 이를 갈았는데,
아직껏 학교를 다니고 있으니 이런 아이러니가 없다.
하늘이 마련해 매어놓은 운명을
사람이 풀지 못한다는 것인지 알 수 없는 일이다.

나와 학교, 그 평생의 인연

나는 1962년에 태어났다. 올해가 2008년이니 세월이 꽤 흐른 셈이다. 그 오랜 세월 동안, 초등학교 입학 전의 몇 해를 제외하곤 줄곧 학교에 다니며 산다. 초등학교에 다닐 때 "졸업만 해봐라, 내가 다시는 학교를 다니나!" 하면서 이를 갈았는데, 아직껏 학교를 다니고 있으니 이런 아이러니가 없다. 하늘이 마련해 매어놓은 운명을 사람이 풀지 못한다는 것인지 알 수 없는 일이다.

문경, 초등학교 시절

일곱 살 되던 해인 1968년에 난 초등학교에 들어갔다. 경상북도 문경군 갈평리. 면소재지였으며 5일장이 선다고 일명 '장터'라고 불렸고 초등학교와 면사무소와 경찰지서와 우체국 등이 있었다. 가게도 몇 개 있었으며 특히 학교 교문 앞에는 풀빵 장수와 아이스케키 장수가 있었다. 학교에서 먼 마을 이를테면 평천, 관음, 갈산, 중평처럼 걸어서 한두 시간 걸리는 곳에 사는 아이들은 장터 마을 아이들을 부러워했다. 그러면 장터말 아이들은 자기가 잘난 것도 아니면서 괜히 으쓱 젠 체를 하기도 하였다.

　학교엔 아이들이 많았다. 요즘 농촌 학교엔 많은 반이 스무 명 안팎이며 적은 곳은 열 명이 채 되지 않는 곳이 대부분이지만, 당시엔 한 반에 60명이 넘었다. 내가 다닌 초등학교도 한 반에 60여 명씩 한 학년에 두 반이었다. 나는 공부를 잘하는 축에 들지 못했다. 학용품을 사주시는 데 인색한 아버지 덕에 나는 초등학교 내내 크레파스를 써본 적이 없었다. 물론 운동화도 신어본 적이 없다. 몇몇 부유한 아이들을 빼곤 크레파스나 도화지나 운동화 같은 것을 가질 수 없는 아이들이 대부분이긴 했지만. 어쨌든 나의 기억에 선명하게 남아 있는 것은 새 크레파스의 그 알싸한 냄새다. 4학년 때라고 생각되는데, 아마 학용품에 욕심을 낸 것은 그게 처음이자 마지막이었을 것이다. 같은 장터말의 이장 아들인 주철이 녀석이 갖고 온 새 크레파스 말이다. 녀석이 보여주는 새 크레파스의 냄새를 맡으면서 빼앗아서 내 걸로 하고 싶은 강렬한 욕구를 느꼈던 것으로 기억한다.

　그리고 4학년 그때, 절대로 잊혀지지 않는 기억 하나. 그 모질고 처참했던 매질. 이름은 잊었고 얼굴도 어렴풋이나마도 기억나지 않는 어떤 남자 교사였다. 난 그를 절대로 '선생님'이라고 부를 수 없다. 친구 한 명과 나를 엄청나게 매질했던 교사. 도끼 자루인지 괭이 자루인지 알 수 없는 그 비슷한 몽둥이로 다리와 엉덩이를 사정없이 난타당한 친구와 나는 매질이 끝난 뒤 엉금엉금 기어서 학교 밭 옥수수 그늘 밑으로 들어가 서로 부둥켜 안고 울었다. 꽤 오랜 시간을 주무르고 움직여본 뒤에야 겨우 절뚝거리며 걸을 수 있을 정도로 우리는 심하게 매를 맞았다. 매를 맞은 이유는, 그 남자 교사의 자전거 벨을 허락 없이 울렸기 때문이었다. 학교에 유일했던 반짝거리는 자전거. 그가 타고 오면서 "따르릉, 따르릉" 울려대던 그 벨 소리. 아이들은 모두 그 벨을 울려보고 싶어했다. 어느 날 점심 시간, 친구와 나는 숙직실 앞에 세워져 있던 그 자전거 벨의 손잡이를 잡아당겼던 것이다. 딱 두 번. 그리고 무참한 폭력. 그러나 그 교사의 폭력은 아무에게도 제제를 받지 않았다. 학교에서는 모두 당연하다는 반응이었으며 나의 담임 선생님까지도 비틀거리며 나타난 우리에게 5교시 시간에 늦었다고 꿀밤을 먹였다. 억울함을 참을 수 없어서 눈물 콧물 섞어서 일러바치는 나에게 어머니는, "잘못했으니까 맞았겠지. 선생님이 달리 때리시겠니?" 하고 매정하게 말씀하신 게 다였다. 어머니 말씀을 들으며 내가 정말 그토록 맞을 만한 잘못을 했나? 하고 잠깐 그 남 교사에게 정당성을 부여할 뻔도 했지만, 난 곧 고개를 흔들었다. 결코 나와 친구는 그런 심한 매를 맞을 만큼 잘못하지 않았다고 생각했으며, 친구와 나는 그날 이후로 그 교사를 다시는 '선생님'이라고 부르지 않기로 맹세했다. 그리고 친구와 나는 그 맹세를 지켰다.

초등학교 때 나는 공부를 한 기억이 거의 없다. 공부래야 수업 시간에 선생님이 가르쳐 주시는 게 다였는데, 아! 재미있다고 느꼈던 수업은 하나도 없다. 오히려 생각나는 것은 학교 밖에서 일을 하던 것, 학교에 내기 위해 풀을 베어 만든 퇴비를 지고 가던 일, 전교생이 하얗게 산을 덮으며 송충이를 잡던 일, 학년별로 들판에 나가 잔디 씨를 훑던 일 같은 것이 더 기억에 남는다. 그리고 보면 당시엔 참 별별 일에 다 아이들을 동원했다는 생각이 든다. 5학년 때는 다리에 류마티스를 앓아 두 달 넘게 학교를 다니지 못했다. 류마티스가 심해서 서 있지를 못했고 앉아도 쑤시고 누워도 아팠다. 엉엉 우는 나를 아버지가 등에 업고 십 리가 넘는 길을 걸어 한의원에 찾아갔다. 지금 한의원에서 놓는 침은 잠깐 따끔하고 마는 실침이지만 그때는 '동침'이라고 불리는 굵고 긴 침이었다. 의원이 침을 푹 찌른 뒤 손바닥으로 비벼서 더 깊숙이 찔러 넣었다. 침 끝이 뼈에 닿는 듯 시큰거리며 형언할 수 없는 아픔이 밀려 들었다. 아픔을 이기지 못해 흘러내리는 눈물이 방바닥을 적시는데, 아 버지는 내 다리를 꽉 잡고 놓지 않으셨다. 그렇게 한 쪽 다리에 6대씩 총 12대의 침을 꽂고 한 시간을 버텼다. 희한하게도 한 시간 뒤에 난 아버지와 함께 걸어서 집에 돌아왔다. 그러나 이틀인지 사흘인지 뒤에 병은 처음처럼 도졌다. 그럼 다시 한의원에 업혀가고 또 걸어서 돌아오 기를 반복했다. 두어 달을 그렇게 반복한 뒤, 어느 날 갑자기, 아무런 예고도 없이 병이 도지지 않았다. 그리고 수십 년이 지난 지금까지도 아무렇지 않다. 정말 이건 내 인생의 몇 안되는 불가사의 중 하나다. 그 토록 큰 고통을 주었던 류마티스. 어머니는 지금도 내가 운동을 했다는 이야기를 들으시거나 밭에서 좀 오랫동안 일을 했다 싶으면 이렇게 말 씀하신다. "넌 다리를 아껴야 되는데…."

　다리가 거짓말처럼 깨끗이 낫고 나서는 일을 많이 했다. 5,6학년 무 렵에는 아마도 학교를 다닌 시간보다 밭에 가서 일한 시간이 더 많았을 것이다. 집안 형편이 넉넉하지 못하다보니 아버지는 남보다 더 많이 일 을 하셨다. 봉화에서 문경으로 이사를 나오실 때 아버지는 거의 맨몸이었다고 한다. 몸에 가진 돈도 없이 홀어머니와 아내와 딸 하나를 데리고 낯선 곳으로 이사를 오시는 걸음은 막막했으리라. 되새겨보면, 나의 큰 누님을 걸려서 이사 왔다고 하니, 다섯 살쯤으로 치면, 이사 올 때 아버지의 나이는 서른넷쯤된 것으로 보인다. 어머니는 스물다섯. 힘이 넘칠 때인데다 부지런했으니 살림은 해마다 늘어갔다. 처음엔 갈평리에서도 부잣집인 '봉자네' 행랑방을 세를 내서 살았지만, 곧 집을 새로 지어서 나왔다. 나의 바로 위 두 살 맏이 형부터는 모두 새로 지은 집에서 낳았다. 하루하루 살림이 불어나는 재미가 있어서였는지, 아버지는 새벽부터 밤까지 논과 밭에서 살다시피하셨다. 농한기인 겨울에는 목수 일을 다니며 돈을 벌어 오셨다. 보름이나 길게는 한 달씩 일을 나갔다가 돌아오실 때는 사탕도 갖고 오시고 가끔은 인삼도 갖고 오셨다.

아무튼 부지런한 부모를 만난 덕에 나도 일복이 터졌다. 내가 5학년이 되었을 때 아버지는 형과 나의 몸에 맞는 지게를 손수 만들어 당신의 지게와 나란히 처마 밑에 세워놓으셨다. 아버지는 그 지게들을 보시며 흡족했겠지만 형과 나는 마주 보며 한숨을 쉬었다.

학교를 마치고 오면 무조건 일을 해야 했다. 소를 몰고 나가 풀을 먹이거나 소꼴을 베어 오는 일은 기본이었고, 농사철의 거의 모든 날을 부모님과 함께 밭에 가야 했다. 밭일 가운데 무엇보다 고역스런 일은 지게로 담뱃잎을 져 나르는 것이었다. 큰 고개를 하나 넘어가야 있는 밭에서부터 집까지 담뱃잎을 몇 번 져 나르고 나면 어깨는 금방 피멍이 들곤 했다. 아이들이 학교 마친 뒤에 작대기 하나씩 들고 토끼굴을 뒤지며 놀러 뒷산에 올라가는 걸 보며 내 신세 한탄을 한 게 한두 번이 아니었다. 감히 아버지에겐 뭐라 한마디도 하지 못했지만 가끔 어머니에게 볼멘 소리로, "내가 일보야? 엄마 쟤들 좀 봐. 나처럼 일하는 애는 하나도 없다고." 하면 어머니는 내가 안쓰러운지, 일명 돼지집이라 불리던 가게에 들어가 건빵 한 봉지를 사서 내게 안기곤 하셨다. 그러면 나는 할 수 없이 건빵을 씹으며 부지런히 담뱃짐을 져 나르고 어머니 뒤를 따라 밭고랑에 앉아 풀을 매곤 했다.

학교는 별 재미가 없었다. 나는 공부도 취미가 없었다. 그리고 집안의 그 누구도 나에게 공부하란 말을 하지 않았다. 나는 그렇게 초등학교를 끝으로 학교를 아주 다니지 않을 작정을 하고 있었다.

5학년 때 큰 사건이 하나 터졌다. 다섯 살이던 막내가 산불을 낸 것이다. 아버지와 어머니가 막내를 데리고 밭에 일을 하러 가셨는데, 점심을 먹고 아버지는 밭둑에 불을 놓은 채 깜빡하고 잠이 들었다. 그때 작대기에 불을 붙여 이리저리 옮기는 장난을 하던 막내가 산에 가까운 밭둑에 불을 옮겼고 때마침 불어온 바람이 불씨를 산으로 날렸다. 아직 마른 낙엽이 버석거리는 봄이라 산은 삽시간에 불바다로 변했다. 막내의 찢어지는 울음 소리에 벌떡 일어난 아버지는 죽을 힘을 다해 불을 잡으려 했지만 될 일이 아니었다. 마침 산골짜기에서 예비군 훈련을 하던 장정들이 떼로 달려와 불을 잡기는 했지만, 꽤 넓은 산과 여러 기의 무덤을 태우고 말았다.

시커먼 연기를 하늘로 뿜어 올리던 그 산불을 나는 학교 운동장에서 바라보았다. 점심 먹고 아이들이 잔뜩 몰려 나와 놀던 운동장에서 바라본 그 연기가 내 가슴을 마구 방망이질시켰던 기억이 있다. "야, 저기 니네 밭 있는 데 아이가?" 주철이가 걱정스런 얼굴로 날 보며 말했기에 가슴은 더욱 뛰었고, 나는 오후 수업이 끝나자마자 집으로 뛰었다. 아니나 다를까? 늘 집에 계시던 할머니도 보이지 않았다. 할머니 방문은 열어 젖혀진 채로 바람에 덜렁거리고 있어서 나는 그냥 눈물이 쏟아졌다. "아이고, 학교 끝나고 왔나? 니 아부지는 지서에 잡히 계신데이." 옆집 아주머니가 혀를 쯧쯧 차면서 알려주었다. 난 경찰지서로 달렸다. 지서는 우리 집에서 빤히 보이는 신작로 건너편에 있었다. 아버지는 수갑을 차고 있었다. 하얗게 빛나던 수갑. 나는 가슴 속에서 큰 기둥이 하나 쿵 하고 무너지는 것을 느꼈다. 아버지는 나를 보시자, 수갑 찬 손을 배 쪽으로 바짝 끌어당겼다. 동시에 나에게 큰 소리로 말했다.

"니 밭에 가서 쟁기 지고 오거래이. 어여. 날래 가서 쟁기 져다 놓거라."

아버지는 내가 그 무거운 쟁기를 질 수 없다는 걸 누구보다 잘 아시면서 자꾸만 그렇게 말했다. 내가 빨리 지서에서 나가기를 바라는 것으로 난 눈치를 챘다. 어머니와 할머니는 마을 이장 집에 가 있었다.

아버지는 그날 밤에 집으로 돌아왔다. 이장이 큰 힘을 써주어서 아버지가 풀려났다고 할머니와 어머니는 입에 침이 마르도록 이장 칭찬을 했다. 나중에 안 일이지만, 경찰서장이 경찰서로 데려오지 말고 풀어주라고 했단다. 마침 그날 문경 관내의 다른 곳에서도 큰 산불이 하나 있었다고 했다. 그 산불에 비하면 아버지의 산불을 작은 편이었단다. 그런데 당시엔, 하루에 두 곳에서 산불이 나면 경찰서장이 징계를 받게 되어 있었다고 한다. 그래서 상대적으로 규모가 작은 아버지의 산불을 일부러 기록에서 누락시켰다는 것이다. 그것이 사실인지는 모르겠으나 어쨌든 아버지는 당시 공포의 대상이던, 일명 '빽차'로 불리던 경찰차에 실려 경찰서로 잡혀가는 일을 면했다.

상주, 중학교 시절

아버지는 이 산불 때문이었는지, 곧 이사를 결심하시고, 우리는 다음 해 상주로 이사하게 된다. 할머니가 '나 죽거든 가라' 이사를 반대했지만 아버지는 고집을 꺾지 않았다. 이때 우리 집은 막 살림이 일어나기 시작해서 논도 사고 밭도 사고 소도 두 마리나 먹이고 있었다. 우리 집이 이제 살 만하다고 누구나 칭찬을 하던 터였지만, 아마도 산불 탓인지 아버지는 동네에 만정이 떨어진 모양이었다. 아버지는 혼자 상주에 다니시며 땅도 마련하고 우리가 살 집도 지었다. 집이 다 완성되었을 때 우리는 상주로 이사하게 되었다. 내가 6학년이던 그 해는 1973년이고, 달로는 9월이었다. 몇 달만 더 다니면 졸업을 하게 되는 학교를 떠나 모든 게 새로운 학교로 전학을 하게 되었다.

이 해에 고등학교는 평준화 제도를 실시하게 된다. 물론 대도시만 그랬고, 작은 시군은 여전히 학교별 시험을 봤지만, 평준화 제도는 중학생들을 입시 지옥에서 어느 정도 해방시켰다고 볼 수 있다. 전통적인 명문고들은 당연히 반발했지만, 모두를 위한 공교육의 개념상 지극히 마땅한 제도였다. 이렇게 36년을 이어온 평준화 제도가 올해 최대의 위기를 맞고 있다. 첫 직선제로 치러진 서울시 교육감 선거에서 당선된

공정택 씨는 서울시의 평준화 제도를 폐지하려는 여러 가지 시도를 하고 있다. 그는 부자들이 산다는 강남, 서초, 송파 지역의 몰표로 당선되었는데, 마치 당선 사례라도 하듯 강남 부자들을 위한 다양한 교육 선물을 안기고 있다. 국제중 설치, 특목고 확대 같은. 가난한 일반 서민의 아이들과 부자들의 아이들을 분리하여 교육시키겠다는 것인데, 이것은 이른바 '귀족 학교' 논란을 낳고 있다. 귀족 학교 출신들이 대대로 국가의 권력과 재력을 세습하겠다는 것으로, 아주 드러내놓고 '당신들만의 천국'을 만들겠다는 것이다.

낯선 곳에서 다니는 학교는 더더욱 재미가 없었다. 잠깐 다니다가 졸업한 상주 중동면의 초등학교는 아무런 애착도 가지 않았고, 같이 졸업한 동창 가운데 지금 이름이 기억나는 아이는 한 명도 없다. 더구나 나는 곧바로 중학교에 진학을 하지 못했으므로 초등학교 동창생들은 내가 중학교에 갔을 때 모두 선배가 되어 있었다. 지금 가끔 만나는 몇몇 상주 친구들은 모두 중학교 동창이고, 초등학교로 치면 1년 후배가 되는 사람들이다.

요즘은 중학교도 의무 교육이라 모두 학교를 가지만 당시엔 초등학교를 졸업하고 중학교에 가지 않는 아이들이 꽤 있었다. 나는 지금도 내가 왜 곧바로 중학교에 가지 못하고 1년 뒤에 다시 중학교에 갔는지 그 이유를 확실히 모른다. 다만 "니가 전학오는 과정에서 서류가 빠진 게 있어서 중학교에 갈 수 없다." 하고 말했던 담임 교사의 이해 못할 말만 기억에 남아 있다. 지금 여러 번 6학년 담임을 경험한 나의 입장에서 생각해보면, 당시 담임 교사의 말은 전혀 이유가 될 수 없는 것이었다. 9월에 전학온 학생의 서류가 미비해서 중학교 진학을 할 수 없다는 것은 있을 수가 없는 일이다. 만약 담임 교사의 실수가 있었다면, 그건 정말 대단한 폭력이 아닐 수 없다. 한 사람의 일생에서 1년이란 기간을 사소한 실수로 허비하게 하지 않았는가 말이다. 물론 나도 나의 부모님도 그렇게 된 것에 대하여 어떠한 항의도 하지 않았고 또 불만도 없었으니까 굳이 폭력으로 인정되지는 않겠지만. 교사가 학생에게 자기가 할 수 있는 모든 정성을 다 하지 않는다는 건 많이 부끄러워해야 할 일이다.

어쨌든 난 전혀 납득이 가지 않는 이유로 중학교를 가지 못하고, 1년 동안 아버지를 따라 다니며 일을 하였다. 물론 나는 중학교에 가지 못한 것에 대하여 별 불만도 없었다. 학교라는 곳에 대해 흥미도 없었고, 공부에도 관심이 없었기 때문이다. 그러나 아버지를 따라 다니며 하는 일은 너무 힘들었다. 주로 논일과 밭일인데, 특히 담배 농사는 정말 힘들었다. 더운 여름날 진액이 나와 진득거리는 담뱃잎을 져 나르고 꿰고 말리는 일은 보통 고역이 아니었다. 자고 일어나면 일, 일, 일이 이어졌다. 점점 일에 꾀가 나기 시작했고, 고통스런 노역에서 벗어나려면 중학교에 가야 된다는 걸 알았다. 결정적으로 결심을 굳히게 된 건 동네 부역을 나가서 겪은 일 때문이었다. 동네 뒷산 밑에 큰 저수지가 있는데, 저수지의 한 쪽이 무너져서 마을 사람들이 같이 그것을 때우는 일을 하였다. 집집마다 남자 어른들이 나오고 더러는 청년들이 나왔는데, 아버지는 날 그곳에 내보냈다. 물과 섞인 진흙을 지게에 져 나르는 일을 맡았는데, 어깨와 허리가 끊어지는 것 같았다. 어른들은 "허허, 그

놈 참. 힘이 장사여." 하면서 기특해했고 나도 칭찬을 받아 으쓱했다. 그 일은 사흘째 계속됐는데, 사흘째 되던 날, 한 떼의 중학생들이 저수지 옆을 지나갔다. 녀석들은 장난을 치면서 낄낄거리며 지나갔는데, 가만히 보니 다 내 초등학교 동창들이었다. 녀석들의 하얀 교복과 나의 진흙 묻은 작업복은 분명하게 대조가 되었다. 녀석들의 뒷모습을 멍하니 바라보면서 나도 이제 지게를 벗어 던지고 교복을 입어야겠다는 욕망이 솟아오르는 걸 억누르기 힘들었다.

그러나 아버지는 내가 중학교에 가야겠다고 말씀 드렸을 때, 대답이 없었다. 아버지의 침묵은 긍정도 부정도 아닌 어정쩡한 것이었으므로 나는 답답했다. 답답함을 나는 큰 누나에게 호소했다. 곧 결혼을 앞두고 있던 스물셋의 큰 누나는 적극적으로 어머니를 설득했고, 그 무서운 아버지에게도 내가 중학교에 가야 하는 이유를 설명했다. 누나가 주로 사용한 논리는 우리 마을에 중학교 안 간 남자 애는 우리 둘째뿐이라는 것이었다. 누나의 논리가 통했는지 어쨌는지 몰라도 나는 이듬해 중학교에 들어갔다. 중학교 입시 제도는 내가 초등학교에 들어가던 1968년에 폐지되었으므로, 초등학교 졸업장만 있으면 무시험으로 진학이 가능하던 시대였다.

교복을 입고 학교에 가던 첫날, 학교로 걸어가기 위해 산길로 올라가는 나를 누나는 뒷산 무덤까지 따라왔다. 커다란 봉분들 사이에서 내 앞에 한쪽 무릎을 굽히고 앉아 오래도록 입으라고 길게 맞춘 교복, 손등을 덮는 내 교복의 소매를 단정하게 접어주며 "아유, 멋있다." 하면서 환하게 웃던 누나의 모습은 영원히 지워지지 않을 아름다운 영상으로 남아 있다.

중학교 시절은 재미있었다. 집에서 시오리 정도 되는 길을 1학년 때는 걸어 다녔으나 2학년 때부터는 자전거를 타고 다녔다. 다 자전거를 타고 다녔으므로 자전거를 타고 오가면서 재미있는 일이 많았다. 자전거 경주는 기본이고, 손 놓고 타기, 내리막에서 더 늦게 브레이크 잡기, 어른 키 높이 정도 되는 높은 논둑에서 자전거 타고 날아 내리기…. 위험하기 짝이 없는 짓을 많이도 하였다. 그때의 흔적이 지금도 내 팔과 다리에 커다란 흉터로 남아 있다.

이때는 학교에 선도부가 있어서, 아침마다 교문에서 아이들을 괴롭혔다. 또 선후배 사이에 질서가 있어야 한다면서 하교하는 후배들을 기다려 괴롭히는 선배들도 있었다. 후배들을 괴롭히는 선배들은 주로 학교에서 조금 떨어진, 신작로 가의 길모퉁이에 있는, 잔디가 잘 가꿔진 무덤들 사이에 앉아서 기다렸다.

괜히 후배들을 잡아서 '엎드려뻗쳐'도 시키고, 노래도 시키고, 심부름도 시키며 데리고 놀았다. 후배들은 입을 내밀고 불만이 가득했으나, 매 맞는 게 두려워 따를 수밖에 없었다. 이런 나쁜 악습은 없어지지 않고 잘도 이어졌다. 나는 그런 모습이 너무 싫었다. 한번 나도 하교길에 걸린 적이 있었는데, 선배들이 시키는 짓을 하나도 하지 않았다. 그랬더니 한 선배가 내 정강이를 걷어찼다. 나는 다리가 저렸으나 발가락을 움직이며 버텼다. 그러자 선배는 "어쭈 이 자식이?" 하면서 또 발을 날렸다. 그때 한 녀석이 발을 날리던 녀석을 막고 나섰다. "야 야, 냅둬. 저 짜식은 보내." 그 친구는 나의 초등학교 동창이었다. 중학교에는 내가 다닌 초등학교인 본교뿐 아니라 다른 두 개의 분교에서 졸업한 아이들이 섞여 있었으므로 내가 한 해 늦게 중학교에 입학한 것을 모르는 선배들도 많았던 것이다. 그때 이후로 나는 2학년에게 괴롭힘을 당한 적은 거의 없었다. 물론 나는 2학년 3학년이 되면서 후배들을 괴롭히는 일에 가담한 적은 단 한번도 없었다. 내 동급생들이 후배들을 괴롭히는 걸 보면 나는 참을 수가 없어서, 막고 나섰는데, 그러다 동급생들과 다투는 때도 종종 있었다. 하지만 나는 공부를 잘했으므로 동급생들은 내 말을 잘 따라주는 편이었다.

초등학교 때는 공부를 잘 못했었는데, 갑자기 공부 머리가 터졌는지, 시험을 보면 점수가 잘 나왔다. 1학년 때는 한 해 동안 책을 보지 않고 일만 한 여파인지, 성적이 반에서 중간쯤이었는데, 갈수록 성적이 올랐다. 시험은 참 많았다. 월말고사, 중간고사, 기말고사. 월말고사 때는 단 1점만 올라도 진보상이라고 주고 평균이 85점 이상이면 우등상을 줬다. 관제엽서 두 장 크기만한 딱딱한 종이에 상장이라고 써서 주었는데 그걸 받는 재미도 쏠쏠했다. 매달 그걸 받다보니까 점수는 점점 올라서 최상위권에 들어가게 되었다. 학년이 올라갈수록 등수는 더 올랐고, 같은 마을에 사는 정식이란 친구는 "넌 참 희한타. 어예 맨날 일만 하는데 시험만 보마 일등이고?" 하고 이상하다는 눈으로 봤다. 그럴만도 한 것이, 다른 집 아이들은 학교 갔다 오면 거의 모든 시간을 노는데 보내지만, 난 늘 일을 했다. 소꼴을 날마다 베어 오는 일은 기본이고, 논일 밭일 무조건 일을 해야 했다. 뒷동산에서 아이들과 야구라도 할라치면 꼭 어머니가 부르러 왔다. 도살장에 끌려가는 소처럼 나는 신나게 노는 아이들을 돌아보며 돌아보며, 일을 하러 갔다.

그런데 점수가 잘 나오는 것은, 그만큼 노력이 있어야 가능한 일이었다. 시험 날짜를 앞두고 선생님들이 발표한 범위 안의 내용은 반드시 반복해서 봐두는 것이었다. '필승'이나 '완전정복' 같은 자습서도 여러 번 봐두었다. 시험 날짜 바로 전에 벼락공부를 하는 이 방법은, 점수를 올리는 데는 확실한 것이었다. 낮에는 일을 했으므로, 주로 밤에 봤고, 때로 시간이 부족하면 '포켓북' 자습서를 변소에 앉아서 보기도 했다. 그러므로 "니는 맨날 일만 하는데 어예 그래 점수가 잘 나오노?" 하는 정식이의 말은 틀린 말이었다. 하지만 나는 "점수 잘 맞을라모 벼락공부를 해야 되능기라." 하고 대답해주지 않았다. 정확하지는 않았지만, 그렇게 하는 공부가 잘하는 것인지에 대한 확신이 없는 까닭이었다.

지금 와서 생각해보면 이 '점수 지상주의'는 참으로 나쁜 학습법이었다. 아니 그렇게 아이들을 몰고 간 교육 제도 자체가 커다란 문제였다. 점수를 올리기 위해서 요점 정리를 하며 달달 외웠던 내용을 나는 지금 과연 삶에 얼마나 활용하고 있을까? 예를 들면, 서양 미술에서 인상파는 누구누구, 야수파는 누구누구… 하면서 외웠던 그 학습이 내가 살아가면서 미술을 이해하는 데 무슨 도움이 되었을까? 그럼, 지금 우리의 현실은 어떠한가? 이 '점수 지상주의'는 해소되었을까? 답은 안타깝게도 '그렇지 않다!' 이다.

97년 잠깐 유행했던 '열린교육'이나 최근 들어서 많이 활용하고 있는 '수행평가' 같은 것들이 학생을 총체적으로 바라보기 위한 시도들이긴 하나, 근본적인 '학벌제일주의'에 따른 대학입시의 문제가 해소

되지 않는 한 공염불에 지나지 않는 시도들이다. 더구나 최근엔 보수 반동의 움직임이 심상치 않다. 올해 들어서는 전국 일제고사의 부활이나 학업성취도 평가를 빙자하여 학생 간 학교 간 성적 서열을 매기려는 음모가 끊임없이 계획되고 있는 중이다.

대구, 고등학교 시절

성적으로 상위를 유지하면서 중학교 생활을 마감할 때가 왔다. 3학년이 되었지만 나는 아무런 계획을 세우지 못하고 있었다. 대부분 고등학교를 가는 분위기였으므로 나도 고등학교를 가긴 가야겠다고 마음먹고 있었지만, 어디를 가야 할지 갈피를 잡지 못하고 있었다. 고등학교를 간다면 크게 세 갈래 길이 있었다. 첫째, 대구시 연합고사를 봐서 대구 시내에 있는 인문계 고등학교에 진학하는 길. 둘째, 학비가 들지 않는 국립공고―부산 한독기계공고, 구미 금오공고, 전북 이리공고 같은 곳이 유명했다―에 진학하는 길. 셋째, 비평준화 지역의 명문으로 이름이 높았던 김천고등학교, 대전고등학교 같은 곳에 진학하는 길 등이 있었다. 이 세 갈래 길은 3학년 담임 선생님이 알려준 것이었다. 이 세 갈래 길을 놓고 고민을 하고 있었는데, 나는 집안 형편을 고려하여 거의 둘째 길로 결정을 해가고 있었다. 국립공고에 가는 아이들은 '가난한 수재'로 통했다. 그러나 적성을 무시하고 오로지 집안 형편 때문에 공고를 택했던 많은 아이들이 뒷날, 후회하는 일이 잦았던 것을 나는 몇몇 친구들을 통하여 잘 알고 있다. 그런데 나의 선택을 두 번째 길에서 첫 번째 길로 확고하게 해주는 일이 생겼다. 그건 정식이었다. 같은 마을에 살았던 정식이는 중학교를 다니는 내내 나와 가장 친했던 친구였다. 이 친구는 성적이 10~13위권이었다. 동급생 120명 가운데 10위 안에 드는 아이들만 대구시 연합고사에 원서를 써주는 것이 당시 우리 시골중학교의 관례였다. 해마다 10위 안에 드는 아이들이 가도 대구시 연합고사에 반 정도 합격하는 게 고작이었다.

그런데 정식이는 대구에 가서 고등학교를 다니고 싶어했다. "사람은 큰 물에서 놀아야 한다니깐." 이게 정식이의 지론이었다. 그런데 담임 선생님이 원서를 써주지 않았다. 원서를 쓸 무렵 정식이의 성적은 13위였다. 정식이는 떨어져도 좋으니 원서만 써달라고 날마다 담임을 졸랐다. 그러던 어느 날 같이 집으로 돌아오면서 정식이가 내게 말했다.

"니도 공고 가지 말고 대구 연합고사 봐. 대학 안 갈끼가? 난 반드시 대구에 가서 고등학교 다니고, 대학교도 갈끼다. 대학교는 경영학과를 간다."

"경영학과?"

"그래, 회사 사장되는 학과다. 난 경영학과 졸업해서 회사 사장할끼다."

정식이네는 우리 마을에서 일등 부자였다. 마을 앞 넓은 들판에 정식이네 논이 가장 많았다. 공부만 하면 회사를 차릴 뒷배는 든든했던 셈이다. 큰 소리를 뻥뻥치는 정식이를 보며 그 자신감이 부러웠다. 그러면서 은근히 속도 상했다. 고등학교가 아니라 대학까지 이미 계획을 세운 정식을 보면서 나는 뭘 하고 있나 한심하다는 생각도 들었다. 한편으론 나보다 성적도 한참 뒤떨어지는 정식이도 저렇게 자신만만한데,

나는 그다지 적성에도 맞지 않는 공고에 가려는 생각이나 하고 있는 게 영 마땅찮았다.

그 날, 꽤 오랜 시간 이것저것 궁리를 했던 것 같다. 그런 다음 스스로 확고하게 결정을 내렸다. 대구에 연합고사를 보러가고, 대학교에 간다는 인문계에 진학하여 경영대든 법대든 가고 만다고 말이다. 정식은 나중엔 눈물로 호소한 끝에 마침내 연합고사 응시 원서를 담임에게서 받았다. 나는 정식이 아버지를 따라 정식이와 함께 대구에 가서 시험을 보았다. 확실하게 기억은 나지 않는데, 다섯 명인지 여섯 명인지 응시를 해서 3명이 합격했다. 10위 안에 있던 아이들은 떨어지고 정식이는 나와 함께 합격을 했다. 나는 계성고등학교에 배정되고, 정식이는 영신고등학교에 배정되었다.

아버지는 내가 결정한 것에 대하여 탐탁치않게 여기셨다. 국비로 모든 것을 해결할 수 있는 국립공고를 마다하고, 굳이 대구 시내 인문계에 진학을 했으니 학비도 학비지만 살 집까지 세를 얻어야 했기 때문이다. 겉으로 말씀은 안했지만, 진학을 그만두고 당신과 같이 농사를 지었으면 하는 바람도 갖고 계신 듯했다. 그러나 난 애써 모른 체하고 합격 사실을 알렸다. 아버지가 얼마나 고뇌를 하셨는지는 잘 모른다. 다만 어머니를 통해서, 아버지가 꽤 여러 날 내 거취 문제를 두고 고민하셨음을 들었다. 아버지는 끝내 나보고 '잘했다'라는 칭찬의 말씀은 없었지만, 때에 늦지 않게 대명동에 방을 세내주고 입학에 필요한 돈을 마련해주셨다.

중학 생활 이야기를 마감하자니, 별로 유쾌하진 않지만 기록해두고 싶은 일화가 하나 떠오른다. 졸업식을 앞두고 한참 졸업식 연습을 할 때였다. 상장 수여식 연습을 특히 많이 했는데, 연습시키는 선생님이 체육 교사였다. 장교 출신이라는 이 선생님은 키도 크고 우락부락해서 아이들이 '불독'이라고 불렀다. 이 선생님이 단상 앞에 서서 상장을 주면 아이들은 받고 뒤돌아서서 자리로 돌아가면 되는 단순한 행동을 자주 반복해서 연습시켰다. 이게 단순한 행동이지만 쉽지 않았던 것이, 그 선생님이 몹시 절도 있는 동작을 요구해왔기 때문이었다. 상장을 주면 두 팔을 쭉 내밀어서 받은 뒤, 왼쪽 옆구리에 끼고 거수경례를 한 다음, 멋있게 뒤돌아서야 했다. 그런데 뒤돌아서는 동작이 늘 문제였다. 오른 발을 적당한 간격으로 뒤로 낸 다음, 몸의 흔들림이 없이 재빠르게 돌아서서 두 발이 나란하게 되어야 했다. 이건 쉬운 동작이 아니었다. 이 어려운 동작을 중학생에게 절도 있게 하라고 시킨 다음, 제대로 되지 않으면 선생님은 들고 있던 작대기나 책이나 할 것 없이 사정없이 머리를 내리쳤다. 상장을 받아야 하는 아이들은 머리를 맞지 않은 아이가 없었다. 나도 물론 얻어터졌다. "에이, 상장 안 받고 싶다!" 하고 투덜대는 아이도 있었다. 나도 머리에서 퍽 소리가 나면서 골이 띵해질 정도로 충격을 받을 때는 손에 든 상장을 집어던지고 싶은 충동도 생겼으나 입술을 물고 꾹 참았다. 이런 것이 당시엔 당연한 현상이었다. 그 선생님만의 잘못이라고 보긴 어렵다. 군사쿠데타로 정권을 잡은 정부가 장기 집권을 하고 있는 시대였으니, 학교에 병영 문화가 자리잡고 있는 건 너무나 당연했다. 이미 1969년부터 고등학교 이상은 군사교육을 실시하고 있었으니 말해 무엇하랴. 내가 중학 1학년이던 1975년에는 '학도호국단'이라고 하여 고등학교에서는 전교 학생대표를 군대 편제인 '연대장'이니 '대대장'이니 하고 불렀다. 이런 학교의 병영 문화는 1985년이 되어서야 겨우 사라진다. 85년에 학도호국단이라는 제도가 폐지되고 학생회가 부활되기 때문이다.

대구 대명8동은 육이오 때 피난민들이 만든 달동네였다. 슬레이트 지붕에 블록으로 벽을 친, 상자 같은 집이 즐비했다. 내가 세든 방은 문을 열면 연탄 화덕이 하나 있는 좁은 부엌이 있고, 거기서 다시 문을 하나 열면 방이다. 방은 행길로 쪽창이 하나 있기는 했으나 낮에도 불을 켜야 할 정도로 어두웠다. 어른 둘이 누우면 딱 맞을 만큼 방은 비좁았다. 여기서 나는 연탄불에 양은솥을 얹어 밥을 하고, 냄비에 계란찜을 해서 먹었다. 비닐봉지에 든 '노란무우'와 김치를 사서 먹기도 했다. 드디어 자취 생활이 시작된 것이다. 밥과 빨래, 공부보다 더 힘든 하루하루 살아내기의 고통과 싸움이 시작된 것이었다.

처음 학교에 입학하여 치른 반배치고사에서 난 입학생 760명 가운데 277등을 했다. 엄청난 충격이었다. 중학교 때 최상위권을 유지했던 나는 그 순위를 도저히 믿을 수가 없었다. 게다가 그 고등학교는 특별반도 있었다. 배치고사 성적 상위 60등까지 한 반, 61등부터 120등까지 한 반. 이렇게 두 반이 특별반이라는 거였다. 1학년은 11, 12반, 2학년은 5, 6반, 3학년은 3, 4반. 들리는 이야기로는 1위부터 60등까지 반은 서울대반이라는 별칭으로도 불린다고 하였다. 그 말은 사실이었다. 입학을 하고 얼마 안되어 신입생이 다 모인 자리에서 학생주임인지 교무주임인지 어느 선생님이 이렇게 말했다.

"우리 학교는 전통 사립명문이다. 평준화가 되기 전에는 해마다 서울대를 100명도 넘게 들어갔다. 경북고나 경북 사대부고보다 우리가 더 많이 보냈다구. 근데 요즘은 50명도 안 돼. 그게 왜 그런 줄 알아? 평준화 때문에 어중이 떠중이가 다 우리 학교에 들어온단 말이지. 뺑뺑이로 말이야. 너희들 명심해. 대구 최고 사립명문의 전통을 지키려면 니들 피나게 노력하라구. 알았어? 공부 잘하면 니들도 좋잖아."

나는 기분이 몹시 나빴다. 어중이 떠중이라는 말이 꼭 나처럼 시골 중학교 출신들을 가리키는 말 같았기 때문이다. 나중에 들으니 그렇게 느낀 친구들이 많았다. 나는 자존심도 상했다. 특별반 아이들이 거들먹거리는 꼴도 아니꼬왔다. 그래서 난 도서실에 남아서 밤마다 도서실 문을 닫을 때까지 공부를 했다. 주로 수학과 영어를 했다. 3월말 고사에서 반에서 최상위권 성적을 받았다. 담임이 각 반에서 10위까지는 특별반 시험을 볼 수 있다고 하였다. 한번 특별반이 되면 계속 특별반에 있는 것이 아니라, 학기마다 전체 순위에서 120등 밑으로 떨어지면 일반 반으로 가야 했다. 정말 피나는 경쟁 기제가 아닐 수 없었다. 나는 1학기말에 본 시험에서 등위를 올려 특별반에 들어갔다.

하루하루가 힘든 나날들이었다. 도대체 재미있는 구석이 없었다. 학교와 집, 학교와 집. 다람쥐 쳇바퀴 굴리듯 지루한 나날들. 게다가 아침, 점심, 저녁 세끼를 직접 해결해야 하는 것은 견딜 수 없는 고통이었다. 정식은 학교 옆에 집을 하나 사서 할머니와 누나와 함께 살았다. 가끔 녀석의 집에 가서 자곤 했는데, 할머니와 누나에게 왕자처럼 대접받는 녀석의 처지가 한없이 부러웠다.

2학년이 되자, 특별반 제도가 폐지되었다. 1978년부터 도입된 고등학교 내신성적 절대평가제의 영향이었다. 대입 예비고사는 이미 77년에 폐지되었으므로 특별반을 유지할 필요는 사실 없었다. 학교에서 우열반을 편성하여 아직 나이 어린 아이들의 가슴에 상처를 주는 일은 사라져야 한다. 내신평가제는 성적이 우수한 아이들을 한 반에 모아두는 일을 원천적으로 막는 효과가 있다. 점수가 높은 아이들은 분산되어야 각자 상위권 내신을 얻을 수 있으니까. 요즘 설립 목적과 전혀 어울리지 않게 고급 입시기관으로 전락한 외국어고나 과학고 같은 특목고가 바로 내신이 문제가 되는 학교다. 중학교에서 우수한 성적으로 졸업한 아이들이 모인 특목고에선 일반 학교 아이들보다 대입 모의고사 점수 같은 것이 높아도 내신은 낮은 경우가 많다. 이 때문에 내신으로 대학 가는 제도를 특목고에서는 없애려는 것이다. 이건 보통교육과 공교육을 강화하는 방향과 분명히 배치되는 일이다. 따라서 특목고는 설립 목적에 맞게 교육 과정이 운영되든가 아니면 폐지되어야 마땅한 제도이다.

학교는 점점 재미가 없어졌다. 아니 학교가 재미없다기보다, 하루하루를 연명해가는 일이 지루했다. 눈을 뜨면 아침을 해 먹어야 하고, 도시락을 싸야 하고, 냄새나는 양말을 다시 신어야 하는 일이 끔찍했다. 밤중에 터덜거리며 어두운 굴 속 같은 집으로 돌아가야 했는데, 정말 그건 하기 싫은 일이었다. 세상의 온갖 고뇌를 한 몸에 짊어진 사람처럼, 나는 얼굴을 찌푸리고 다녔다. 이때부터 나는 도서실에서 수학과 영어를 공부하는 대신 불교서적을 찾아 읽기 시작했다. '해탈'이라는 용어가 맘에 들었다. 삼촌이 불목하니로 있는 문경 봉암사에도 찾아갔다. 큰 스님을 만났는데, 내가 해탈을 입에 담자, 스님은 입을 크게 벌리고 웃기만 했다.

성적은 점점 떨어져 전교 순위가 처음 입학할 때 등위로 밀려났다. 더 이상 학교에 남아 있을 이유를 찾을 수가 없었다. 난 입산 수도를 결심하고 황금 물결이 춤추는 가을날, 기차를 탔다. 밀양으로 삼촌이 있는 표충사를 찾았다. 그러나 끝내 나는 머리를 깎지 못했다. 집으로 돌아가서 어머니와 아버지에게 말도 안되는 이유를 대며 학교를 그만두겠다고 말했다. 이유인즉, 이상하게 눈이 나빠져서 칠판 글씨를 볼 수 없다고 말했다. 어머니는 "왜 글로, 와 눈이 나빠졌노?" 하면서 크게 걱정하시고, 아버지는 강원도 북평 어딘가에 있는 용하다는 병원에 다녀오라고 하셨다. 병원에 다녀온 뒤 나는 너무나 잘 보이는 눈으로 아버지를 거들어 농사일을 했다. 그 해 늦가을, 18년 군사정부가 무너졌다. 각급 학교 교과서에서 군사정부의 '유신'과 관련한 내용이 모두 삭제되고, 중고등학교의 교복 자율화 논의가 있었다.

다음해 1월인지 2월인지 정확하지는 않지만, 학교에서 복학하라는 편지가 왔다. 꽤 친했던 친구에게서도 복학하라는 편지가 왔다. 나는 분명히 자퇴서를 제출했는데, 담임이 휴학으로 처리를 한 모양이었다. 담임은 교문을 나서는 내 손을 잡고 말했었다. "네가 어려서 아직 잘 모르는데, 니가 저 문을 나서면 거긴 벼랑 끝이야. 나중에 후회하지 말고 다시 생각해봐라." 나는 아무 대답 없이 꾸벅 인사만 하고 손을 뺐었다. 나는 학교에도, 편지를 보낸 친구에게도 답장을 쓰지 않았다.

아버지를 도와 농사일도 하고 간간이 공사판에도 다니면서 한 해를 보냈다. 나라는 혼란이 거듭되고 있었다. 18년 군사정부가 무너진 자리에 다시 새로운 군사 반란이 일어나 또다시 군사정권이 들어섰다. 그러나 교육에는 의미 있는 제도가 강제되었다. 중고등학교 보충 수업이 폐지되고, 현직 교사와 대학생의 과외가 금지되었으며 중고등학교 교복 자율화와 두발 자율화 조치가 이루어졌다. 정통성이 약한 군사정부가 일반 서민의 환심을 사기 위한 일시적인 조치였다. 그러나 이러한 제도가 제대로 지켜지기만 했더라도 보통 서민 교육인 공교육이 좀 더 의미 있게 발전할 수 있었을 것이다. 그러나 제도만 있을 뿐, 실행할 의지가 정부에겐 없었다. 내실을 다지려면, 평생 교육 체제가 필요했다. 그리고 학비를 국가가 부담하는 방향으로 제도가 뒷받침되어야 하므로, 부유세를 걷는 등 조세 제도 전반에 수술이 필요했다. 이런 뒷받침이 없는 공교육 강화 방침은 헛구호에 지나지 않았다. 결국 변죽만 울리다가 중고등학교의 보충 수업은 2년 뒤에 일제히 부활했고, 대학생 과외는 곧바로, 그리고 현직 교사의 과외도 89년에 전면 허용되었다. 그리고 모든 교육비는 여전히 각 개인에게 부담되었다.

80년 겨울부터 81년 봄까지 나는 계속 공사판에 다녔다. 기계를 다루는 기술도 좀 익혔고 공사판에서 살아가는 사람들의 삶도 좀 들여다보았다. 나는 심각하게 고민하기 시작했다. 새로운 움을 틔우는 봄 햇살이 누리에 퍼지기 전에 뭔가를 결정해야 했다. 아버지와 농사를 죽 지을 것인가? 아니면 공사판을 떠돌며 기술을 배워 살 것인가? 이것저것 다 치우고 다시 공부를 해서 대학에 갈 것인가? 고민은 깊어갔다. 그러던 중, 대구에 사는 정식이가 영남대 경영대학에 입학했다는 소식을 갖

고 찾아왔다. 중학교 3학년 시절의 계획대로 정식이는 살아가고 있는
셈이었다. 정식이와의 만남은 날 다시 공부하는 쪽으로 이끌었다.

서울, 대학 시절

81년 5월, 가방 하나 메고 서울에 올라갔다. 사촌이 자취하는 집과
독서실을 전전하며 공부를 재개하여 8월에 검정고시에 합격하고 겨울
에 대입학력고사를 봤다. 몰아친 공부에 좋은 점수가 나올 턱이 없었
다. 집안 형편이 펴지지 않아, 대학 등록금을 내기가 만만치 않았으므
로 장학생 자리를 알아봐야 했다. 내가 받은 점수가 중앙대나 건국대
같은 곳에 겨우 1년 장학생으로 턱걸이는 되었으나 4년간 전액 장학금
점수에는 모자랐다. 여기저기 정보를 모으다가 교육대학을 발견했다.
등록금이 거의 그저였다. 더구나 학비보조금까지 준다고 하였다. 더 따
질 이유가 없었다. 서울교대에 지원하여 들어갔다.

그러나 대학 생활은 만족스럽지 못했다. 우선 여학생이 절대 다수라
뭔지 모를 정적인 분위기가 영 마땅치 않았으며, 무엇보다 교수들에 대
한 실망이 컸다. 도대체 배우는 즐거움이 없었다. 고등학교 교실보다
나은 게 없었으며, 아니 더러는 아무것도 하지 않은 채 강의 시간만 겨
우 때우는 과목도 있었다. 학업엔 흥미를 잃었고, 사람들과 어울려 술
만 마셨다. 대학을 잘못 선택한 것이 아닌가, 심각한 고민 속에 1학년
을 보내고 2학년을 맞았다. 학업엔 여전히 흥미가 없었고 점점 견디기
가 어려워졌다. 학생회에 들어가 활동도 해보고 동아리에도 열심히 나
갔지만, 답답했다. 대학마다 가열차게 이루어졌던 학생 운동의 소용돌

이 속에서도 교대는 평온하기가 바닷속 같았다. 학교를 그만두기로 결심하고 모든 기말 시험도 보지 않고 리포트도 제출하지 않았다. 성적표는 주루룩 에프학점이었다. 학군단 시험도 빼먹어서 교관이 군대에 보내겠다고 벼르고 있었다.

그런데 나는 군대에도 불려가지 않았고, 학교도 그만두지 못했다. 동아리 지도교수였던 정교수님 덕분이었다. 이 분은 학문으로는 업적을 쌓진 못했으나 사람을 아끼는 마음은 대단한 분이었다. 선생님은 술집에서 거나하게 술이 취해 불콰해진 얼굴을 내 얼굴에 비비며 말씀하셨다. "내가 퇴학을 막아주마. 한번 더 해보자." 이때부터 난 한문 공부에 매진하기 시작했다. 맹자와 논어를 옆구리에 끼고 다녔다. 그리고 4학년 때엔 그 어렵다는 민족문화추진회 국역연수원에 합격하여 들어갔다. 낮에는 교대에 다니고 밤에는 국역연수원에 다녔다. 한문 공부는 목말랐던 공부에 대한 열의를 어느 정도 채워준 것이었다. 당시 한문학계에서 대부로 통하던 우전 신호열 선생에게 시경을 배우고, 성백효 선생에게서는 통독하는 법을 배웠다. 논어 맹자 같은 사서는 외울 정도로 많이 읽었다. 지금 교원대에서 교수를 하고 있는 단짝 친구인 왕규와 밤마다 다니던 그 공부 길은 당시엔 유일한 즐거움이었다.

2년 과정인 연수원을 한 해 마치고 대학을 졸업했다. 졸업 순위가 높지 못해서 난 바로 발령을 받지 못했다. 낮에는 하는 일도 없이 밤에만 연수원을 다녔다. 연수원은 대학이 아니었으므로 학위를 받을 수가 없었다. 그래서 왕규와 의논한 끝에 대학원을 가기로 하였다. 당시 한문학계에서 이름이 높았던 이동환 교수가 고려대에 있었다. 그래서 고려대 교육대학원 가을 학기에 진학을 했다. 그러나 이것은 매우 잘못한 결정이었다. 학문을 할 생각이었으면 교육대학원을 가지 말았어야 했다. 연수원을 아직 졸업하지 못했으므로 나는 대학원에 입학을 하자마자 한 학기 휴학을 했다.

교사가 되다

이듬해인 1987년 2월에 서울 구로구에 있는 초등학교에 발령이 났으며 국역연수원을 졸업했고, 3월부터 대학원에 나가기 시작했다. 첫해엔 담임을 맡지 못했고 일명 증치 교사였다. 1985년부터 실시된 초등학교 교과 전담 교사제는 아직 정착되지 못한 상태라, 전담 교사라고 부르지도 않고 증치 교사라 불렀다. 가끔은 이웃 학교에 파견되기도 했다. 학교 발령과 동시에 오랫동안 살았던 누님 집을 떠나 강남구 개포동에 있는 공무원 독신자숙소에 들어갔다. 7평짜리 아파트에 두 명이 각자 한 방을 차지하고 살았다. 우연히 그곳에서 고등학교 2학년 때 같은 반이었던 친구를 만났다. 그 친구는 대구에서 대학을 졸업하고 안기부 7급 공무원에 합격하여 다니고 있었다. 무지 반가웠던 우리는 자주 어울려 다니며 놀았다. 내가 결혼하면서 숙소를 떠나고 한 해 뒤 그 친구도 결혼을 하여 집을 옮긴 뒤 두어 번 만나다 지금은 어디 사는지도 모르게 되었다.

개포동에서 시흥동의 학교까지, 퇴근 뒤에는 종암동의 고려대까지 갔다가 다시 개포동으로 돌아가는 이동 거리는 참으로 길었다. 1주일에 세 번씩이나 그렇게 서울을 한 바퀴 돌면서 살았다. 신규 교사로서 또 대학원 신입생으로 낮밤을 바쁘게 살았다.

1988년, 서울올림픽이 있었다. 나라는 온통 난리가 났다. 그리고 학교에도 커다란 변화가 일어나고 있었다. 내가 다니던 학교에서는 움직임이 없었으나, 몇몇 학교에서는 교사협의회에서 열심히 활동하는 교사들이 많았다. 신출내기 교사였던 나는 학교 내의 부조리한 제도를 꿰뚫어 볼 수 있는 안목은 없었다. 다만 학부모들에게 향응받는 모습은 좋게 보이지 않았다. 나는 그러한 것을 보면서 신출내기 교사의 결기로 그 불합리를 높이 말하곤 했는데, 그것이 소문이 났는지 어느 날, 누군가가 찾아왔다. 근처 학교에 근무한다는 남자 교사였는데 나보다 한참 선배로 보였다. 그 선배 교사의 첫인상은 굉장히 예의바르게 보였다. 복도에서 구두를 벗어서 손에 들고, 활짝 웃으면서 매우 겸손한 태도로 내게 다가왔다. 그 선배는 학교의 여러 가지 문제점이 되는 현실에 대하여 이야기했다. 나는 잘 이해가 되지 않았지만, 그의 태도로 보아서 좋은 일임을 직감했다. 그리고 그 선배가 권유하는 대로 모임에 나갔다. 그 모임은 '교사협의회'였는데, 전국교직원노동조합의 모체였다. 내가 소속된 곳은 강서남부 교사협의회였다. 하지만 나는 그리 부지런히 모임에 참석하거나 적극적으로 활동하지는 못했다. 야간에 대학원을 다녔으므로 날짜가 겹치면 대학원을 우선적으로 갔으므로 자연히 수동적으로 활동했다. 다만 영등포 성문 밖 교회에서 있었던 강서남부 교사협의회 발대식에서 아내를 만난 것은, 교사협의회 활동의 최대 수혜였다.

89년에 전교조가 결성되고, 많은 교사들이 해직되었다. 나는 학교에 남았다. 그리고 90년에 결혼을 하고, 대학원을 그만뒀다. 대학원 5학기를 다 다녔고 종합시험까지 통과했으며, 학위 논문까지 초안을 잡았으나, 문제가 있었다. 입학을 하면서 바로 휴학을 한 탓에 뭔가 어긋나서 수료하는 데에 2학점이 모자란다는 것이었다. 그것을 나중에야 알았고, 학점을 다 취득하기 전에는 논문을 제출할 수 없다고 교학과에선 설명했다. 내가 따야 하는 학점의 개설 강좌는 없으므로, 다음 학기에나 개설되기를 기다려서 등록하란 것인데, 달랑 2학점을 따기 위하여 한 학기 등록금을 다 내야 했다. 나는 다음 학기가 되었어도 미련없이 등록을 포기했다. 몇 달치 월급에 해당하는 등록금을 낼 만큼 학위가 가치 있어 보이지도 않았다.

대학원을 그만두고 나서 그림이나 그려볼까? 하는 생각으로 홍익대 미술교육원에 등록을 했으나 그것도 오래 가지 못했다. 그때 아내가 다니던 학교에 전교조 소속 교사들이 하던 독서회가 있었는데, 그곳에 갔다가 새로운 인물을 만나게 되었기 때문이다. 지금도 어린이문학평론가로 활동하는 이재복 선생이 그 새로운 인물이다. 이 분은 당시 전교조 산하의 교육문예창작회에서 삶의 동화 운동을 펼치고 있었다. 교육문예창작회는 해직된 교사 문인을 중심으로 조직하여 활동하던 단체였다. 시와 소설엔 이름만 대면 알만한 대중적으로 인지도가 있는 사람이 많았다. 하지만 시와 소설을 하던 중등 문인들은 당시 각 지역의 지부장이나 조직의 중추적인 활동을 하느라 문예창작으로 하는 운동은 좀 뜸한 상태였다. 다만 이재복 선생이 삶의 동화 운동을 이중현, 송언, 정세기 등과 함께 활발하게 펼치는 중이었다. 삶의 동화 운동은 아이들에게 허황된 꿈을 심어주는 아동문학을 배격하고 아이들의 진실한 삶을 소재로 아동 문학을 창작하자는 운동이었다. 나는 그 취지에 공감하였고, 곧 함께 활동했다.

이 활동은 교사로서 내가 살아가는 데 큰 도움이 되었다. 아이들에게 좀더 성의 있게 다가갈 수 있었으며 우리 나라 교육 현실과 아이들이 처한 현실을 똑 바로 바라보는 계기가 되었다. 낙성대와 영등포에 있었던 전교조 사무실 한컨에서 열띠게 토론을 하면서 교사로서 올바르게 살아가는 삶은 과연 어떠해야 하는가를 많이 묻고 또 물었다. 많은 사람을 만났는데, 모두가 열정적인 삶을 살고 있는 교사들이었다. 해직의 아픔 속에 또 생활이 궁핍한 속에서도 열정 하나로 버티는 많은 교사들. 그들의 삶은 분명 공동선을 향한 숭고함이 있었다. 나는 그들과 함께하면서 교사로서의 내 삶을 자주 돌아보고 반성하고 새롭게 다짐을 하곤했다. 그리고 92년에 첫 아이를 낳으면서 아이란 부모에게 얼마나 귀한 것인가 하는 것을 새삼 뼈저리게 느꼈다. 절대로 아이들을 때리지 말자. 말로라도 상처를 주지 말자. 아이들과 더 많이 놀자. 어른이라는, 교사라는 힘의 우위를 내세우지 말자. 나는 내게 다짐하고 또 다짐을 하면서 학교로 갔다. 그리고 동료 교사들과도 친하게 지내려고 애썼다. 결혼한 뒤 나는 학교를 구로에서 마포로 옮겼는데, 그곳에서는 '삶글'이라는 문집을 같은 학교 동료 교사들과 함께 만들었다. 일상의 산문과 아이들 이야기들을 담은 A4 용지 8쪽짜리 유인물을 격주로 만들어 전체 교사에게 나눠주었다. 이런 활동은 교사들끼리 서로를 이해하는 데 큰 도움이 되었다. 이때에도 물론 교장이나 교감 같은 관리자들은 나의 이런 활동을 곱게 보지 않았다. 학년부장이나 교감을 통해서 교장은 은근히 압력을 가하기도 했는데, 나는 모른 척했다. 교문창활동의 내 개인적인 결과로는 94년에 『내가 나비인가 나비가 나인가』(혜인 : 1994)라는 장자 이야기를 단행본으로 내는 일이 있었다. 내가 세상에 와서 처음으로 저술집을 세상에 내놓은 것인데, 기쁨도 있지만 여러모로 아쉬움이 있는 책이다.

그런대로 학교 생활은 보람이 있었다. 충분히 의미 있는 삶이라고 생각했고, 열심히 생활했다. 1996년에는 내 인생 두 번째 책인 『오줌에 잠긴 산』(푸른나무 : 1996)을 출간하고 아내가 근무하던 학교가 있는 강서구로 집을 사서 이사를 했다. 그런데 그 집에서는 오래 살지 못했다. 아내가 둘째 아이를 임신한 것이다. 우리는 아이를 봐주는 누님 옆으로 다시 이사를 할 수밖에 없었다. 그때 샀던 강서구의 집은 전세를 주고 그 돈으로 우리는 전세를 얻어 망원동으로 왔는데, 운 나쁘게도 IMF가 터졌다. 세입자는 전세금을 내려달라고 자꾸 전화를 했다. IMF 여파로 전세금을 1-2천만 원 내려주는 것이 당시 관례였다. 할 수 없이 세입자에게 집을 팔고 말았다. 우리가 집을 산 값보다 1천만 원은 적은 돈을 받고 팔았다. 그곳은 지금 재개발을 하여 고층 아파트가 들어서 있다. 지금도 누군가는 내가 큰 손해를 봤다고 말하는데, 아내와 나는 그리 아깝게 여기지 않는다. "우리에겐 돈이 따르지 않아요. 오는 돈을 발로 차버린다니까." 하면서 웃을 뿐이다.

1998년, 김대중 정부가 들어서면서 전교조가 합법화되었다. 비합법 시절엔 서울시에 초등지회가 하나밖에 없었으나 합법화가 되면서 남부, 서부, 북부, 강남동, 북부, 중성북, 동부 등 일곱 개 지회를 건설하기로 했다. 나는 정기훈, 김은미, 정상용 선생들과 같이 서부지회를 창립하기로 뜻을 모았다. 99년 3월에 서부지회 창립 대회를 열었고 정기훈 선생이 지회장, 나는 정책기획부장을 맡았다. 2000년부턴 내가 지회장을 맡아 2년간 지회 일을 보았다. 이때 아내는 내게 각서를 쓰게 했다. '참교육 운동을 한다면서 술 퍼먹고 다니면 안된다'는 것이 아내의 요지였다. 결국 나는, 지회장을 하는 동안 술을 먹지 않는다는 각서를 썼고 2년 동안 그것을 지켰다. 매주 지회집행부 회의를 하면서, 또 지부집행위 회의를 가서도 나는 술을 먹지 않았다. 내가 각서 이야기를 하면 아무도 술을 권하지 않았고 아내를 칭찬하는 말들을 했다. 밤을 낮삼아 다니는 노동조합의 일에서 건강을 지키는 데 아주 좋은 각서였다.

2년 동안 서부지회 관내 61개 초등학교 중 몇 군데만 못 가고 다 방문했다. 학교장이 전권을 휘두르는 곳이 학교다. 다양한 비민주적인 학교운영과 도저히 말도 안 되는 불합리한 관리자의 지시 사항과 순응적인 교사들을 보면서 절망도 하고 가슴이 많이 아프기도 했다. 말이 통하지 않는 수많은 학교 관리자라는 벽과 싸우면서 나도 모르게 날카로워지면서 많이 지치기도 했다. 그 와중에 나는 매향리를 접하게 되었다. 50년이 넘게 밤낮 미공군 폭격기가 폭격을 하는 곳. 우리 안에 잊혀진 전쟁터였다. 가슴 속에서 솟구치는 분노를 참을 길이 없었다. 눈코 뜰 새 없이 바빴지만, 틈이 나는 대로 난 매향리 이야기를 썼다. 우리 아이들에게 우리 현실에 대하여 꼭 알려주고 싶었다. 소년 소설로 쓴 이 이야기는 어린이문학협의회에서 제정한 '어린이문학상'을 받았고 『그리운 매화향기』(한겨레신문사 : 2001)라는 제목으로 출간되었다.

여주, 다시 시골로

2002년 2월 26일, 나는 오랫동안 살았던 서울 생활을 접고 경기도 여주로 이사를 왔다. 어릴 때 살았던 시골의 풀내음이 나를 억센 힘으로 잡아끌었는지 모르겠다. 작은 시골 동네의 60년된 집을 사서 수리하고 산다. 사랑채는 수리가 불가능해서 헐고 새로 사랑채를 지었는데, 그게 너무 커서 부담스럽다. 누군가는 와서 보고 "너무 호사하는 거 아냐?" 하고 퉁을 주기도 하는데 그럴 때면 난 할 말이 없다.

시골로 이사올 때 지인들이 우려 섞어서 한 말은 대부분 '아이들 교육'을 어찌할 거냐는 거였다. 그땐 큰 애가 초등학교 4학년, 둘째가 여섯 살이었다. 그러면 나와 아내는 사람들에게 바로 그 '아이들 교육' 때문에 간다고 대답했다. 아이들이 도시에서 학원을 전전하게 할 수 없다고 대답했다. 풀 속에서 동물들 속에서 곤충들 속에서 흙을 밟고 살게 하려고 대답해주었다. 그러면, 어떤 사람은 "그게 진정으로 아이들이 원하는 것이 아니라면 부모 독단으로 아이들 삶을 그르치는 것이 아니겠는가?" 하고 진심으로 걱정해주기도 했다. 그러면 나는 "어쩔 수 없지. 그런 부모를 만난 내 자식들의 운명이지 뭐." 하고 웃어버렸다.

큰 아이는 올해, 대안고등학교인 경남 산청의 간디학교에 입학했다. 초등학교 4학년 때 전학와서 시골 학교를 다니며 아이들과 원 없이 놀았다. 작대기를 들고 야산을 누비기도 하고, 개울에서 멱을 감기도 하며 해가 질 때까지 놀다가 집에 오곤 했다. 물론 학원은 한 군데도 다니지 않았다. 하지만 중학교에 가서는 아이가 잘 놀지 못했다. 그건 같이 놀 아이들이 없기 때문이었다. 시골 중학교도 보충 수업과 야간 자율학습을 다 한다. 나는 아이의 담임 선생님과 교감 선생님에게 전화를 해서 보충 수업과 자율 학습을 시키지 않겠다고 말했다. 학교 방침이라며 따르라고 했지만 난 끝까지 고집을 부렸다. 결국 큰 아이를 비롯한 약 삼분의 일 가까운 아이들이 야간 자율 학습을 하지 않고 집으로 왔다. 성적이 좋은 몇몇 아이를 특별 대우를 해서 공부방도 주고, 영어와 수학을 특별히 공부시키겠다고 학교에서 연락이 왔다. 나와 아내는 단번에 거절을 했다. 결국 우리 아이는 빠지고 그 아래 등수의 아이를 대신 넣어서 특별 공부를 시키는 모양이었다. 그러거나 말거나 우리는 신경을 쓰지 않았다.

아이가 중3이던 작년 여름, 진로를 놓고 같이 의견을 나누었다. 아이는 입시 공부만 하면서 3년을 살고 싶지 않다고 하였다. 그러면 무슨 대안이 있을까? 같이 의논한 끝에 전국의 대안학교를 모두 찾아서 정보를 얻기로 하였고, 아이 스스로 모든 대안학교의 교육 과정을 살핀 끝에 최종적으로 간디학교를 결정하였다. 나와 아내는 아이의 결정을 그대로 따랐다. 지금, 큰 아이는 나름대로 학교 생활에 만족하고 있다.

둘째 아이는 지금 초등학교 5학년인데 내가 근무하는 시골 분교에 같이 다닌다. 그저 아이의 얼굴에선 웃음이 떠나지 않는다. 가끔 내가 물어본다. "도시가 좋아? 시골이 좋아?" 아이는 지체 없이 대답한다. "시골!" 며칠 전에는 아이와 함께 퇴근해서 집에 오는데, 대문을 열고 마당에 들어서자 두충나무 밑에 꽃뱀이 벗어 놓은 허물이 보였다. 마당가에 살면서 가끔 우물 옆을 슬슬 지나가는 놈의 허물이 틀림없었다. 내가 "은결아, 저 뱀 허물 봐라." 했더니 아이는 곧바로 손으로 그 허물을 들어 올린다. 아이는 지렁이고, 나비고, 이런저런 곤충들을 스스럼없이 만진다. 아이의 이런 경험이 앞으로 펼쳐질 아이의 생애에 어떻게 작용할지 지금 섣불리 예상하긴 어렵다. 그러나 놀이도 학원에서 배워야 하는 도시에서 자란 아이들 삶보다는 분명 풍성한 삶이 되지 않을까 하는 희망을 갖고 있다.

요즘, 핀란드 교육이 성공했다고 세계적으로 난리다. 그건 경제협력개발기구OECD가 실시한 '학업성취도 국제 비교 연구PISA'에서 핀란드가 1위를 차지했다는 보고에서 비롯되었다. 그런데 문제는 핀란드가 의무교육 기간인 16세까지는 학생들끼리 학력을 비교하는 시험도 경쟁도 일체 없다는 거였다. 그리고 '싫어하는 아이에게 억지로 강요하지 않는다'는 것이 핀란드 교육 철학이라는 데 모든 사람이 놀랐다. 또 수준별 반 편성으로 나타나는 우열반을 일체 하지 않고 학력 수준이 다른 아이들을 같이 편성하여 평등을 추진하고 경쟁을 배격하는 교육 방법을 사용하고 있었다.

2003년 PISA가 측정한 학력을 보면, '읽기 소양'과 '과학적 소양'은 핀란드가 1위이지만 한국은 '문제 해결 능력'에서 1위, 읽기 소양 2위, 수학적 소양 3위, 과학적 소양에서 4위를 하고 있다. 이 정도면 한국은 종합 순위에서 핀란드와 공동 1위라고 해도 무리가 없다. 즉 우리 나라의 학력이 세계 최고 수준에 있다는 것이다. 그건 우리 나라의 교육방법과 철학이 핀란드와 결코 다르지 않다는 점에서 찾을 수 있다.

그 뼈대는 우리가 유지하고 있는 평준화제도에서 찾을 수 있다. 현재 우리 나라의 초중등학교는 부모의 경제적 환경, 아이의 학력 수준에 따라 학교를 선택하게 하지 않는다. 한 반에 집안이 부자인 아이와 가난한 아이, 공부를 잘하는 아이와 못하는 아이가 다 같이 있다. 이것이 우리 나라 공교육을 파행적으로 몰고 가지 않는 근본적인 힘이다. 그런데 지금 이 뿌리가 흔들리고 있다. 평준화를 해체하려는 시도가 자행되고 있는 까닭이다.

자립형 사립고등학교와 국제중학교의 설립이 그 대표적이다. 부모의 경제적 배경이 이들 학교 입학에 결정적인 변수가 된다. 결국 이들 학교가 세워지고 운영이 되면, 평준화의 큰 틀은 무너지고 만다. 학생 간 학교 간 경쟁을 근간으로 삼는 영국과 미국은 PISA에서 측정한 학력에서도 모두 10위권 밖으로 밀려나 있는데서 알 수 있듯이 이미 실패한 교육 방법임이 드러났다. 그런데도 우리나라는 실패한 교육 방법을 따라 이미 성공하고 있는 교육제도를 바꾸려는 것은 매우 안타까운 일이다. 오히려 현 평준화의 틀을 더욱 확장시킬 수 있는 쪽으로 방향을 잡아야한다. 교육 재정을 확대하여 무료 교육을 이루어야 하며, 대학에 입학하고자하는 사람은 일정 자격 시험만 합격하면 모두 받아주어야 한다. 즉, 모든 대학은 고교평준화처럼 평준화되어서 학교 간 서열이 없어야 한다. 초중등학교는 교사들에게 학교 운영의 자율성을 주어야 한다. 관리자는 그야말로 학교의 관리에만 힘써야 하고 또 교육행정실을 확대하여 교사들이 행정에 시간을 뺏기는 일이 없도록 해야 한다.

과연 이렇게 민주적이고 모두가 평등한 학교는 꿈인가? 아니면 현실에서 가능한 것인가? 어떻게 살다보니 나는 평생을 학교에서 살게 되었다. 내가 학교를 그만두기 전에, 의사 결정이 민주적으로 이루어지는 학교, 모든 아이들이 경쟁없이 평등한 대우를 받으며 사는 그런 학교가 이루어졌으면 좋겠다. 이 꿈은 내가 학생으로 또 교사로서 사십 년을 학교에 다니면서 얻은 결론이다. 이론으로 말고 현장에서 부딪히면서 얻은 산 경험으로 말이다.